# OPTIQUE

## LES MICROSCOPES CHEVALIER

Paris. — Typ. Ch. Unsinger, 83, rue du Bac.

# L'INDUSTRIE

## AU

## XIXᴱ SIÈCLE

## LES MICROSCOPES CHEVALIER

SUIVI D'UNE NOTICE HISTORIQUE SUR LA PLUS ANCIENNE MAISON
DE CE NOM

PARIS

E. DENTU, ÉDITEUR

LIBRAIRE DE LA SOCIÉTÉ DES GENS DE LETTRES

PALAIS-ROYAL, GALERIE D'ORLÉANS

1878

# OPTIQUE

## LES MICROSCOPES CHEVALIER

Ainsi que l'indique son nom, le microscope est destiné à l'étude des infiniment petits. Nous n'avons pas la prétention de faire ici l'historique complet de ce dernier mot de l'optique, ni de décrire les nombreux et ingénieux systèmes qui se sont succédé, mais nous nous bornerons à indiquer les phases principales que présente son histoire, en citant les noms des savants qu'il a illustrés; à énoncer brièvement les divers systèmes, simples modifications apportées dans l'application des principes immuables de physique sur lesquels est basé le microscope; à envisager enfin le rôle considérable, en quelque sorte étonnant, joué par ce merveilleux instrument vis-à-vis de la science, de l'industrie et du commerce. Nous dirons la part immense qu'il peut revendiquer dans les progrès accomplis dans la physiologie, la médecine; lui seul permet de constituer cette science nouvelle, l'histologie, fondée par Bichat et Kœlliker, la botanique, la géologie, l'entomologie, etc.

Le télescope est braqué sur un infini, le microscope explore l'infini opposé. Mais l'infini est un; les extrêmes s'y joignent; c'est pourquoi nous voyons les astronomes appeler encore à leur aide le microscope solaire.

L'amplification des objets par la convergence des faisceaux lumineux était connue des anciens, et si l'on réfléchit que les Égyptiens et les Assyriens faisaient le verre, on ne sera pas étonné de la découverte d'une lentille en cristal de roche par Brewster, dans les ruines de Ninive, lentille qu'il présenta, en 1852, à l'*Association britannique*. On a découvert également des lentilles en verre dans des tombeaux romains, circonstances qui donnent à certaines indications de divers auteurs, Pline l'Ancien et Sénèque entre autres, une signification non équivoque.

Il est certain que les anciens se servaient d'ampoules de verre pour l'exécution de travaux délicats, tels que les camées conservés dans nos musées, et que les admirables intailles des artistes grecs et romains que nous possédons ne sauraient avoir été faites sans le secours d'un instrument amplifiant.

Le microscope proprement dit est d'origine moderne, mais l'on n'est pas d'accord sur son inventeur. Au xiiiᵉ siècle et avant cette époque, les seuls opticiens étaient quelques bons moines. Ce ne fut que deux ou trois siècles plus tard que l'on vit quelques particuliers faire profession de fabriquer des verres d'optique. On ne connaissait que les loupes. Mais les premières loupes étaient de grandes dimensions; ce ne fut qu'après des perfectionnements successifs qu'on en vint à diminuer le rayon de courbure et à obtenir une amplification plus forte. Bientôt la nécessité incommode où l'on était de tenir ces verres à la main fit qu'on leur adapta une monture spéciale, consistant en deux plaques de cuivre qui, en rétrécissant l'ouverture, diminuaient l'aberration sphérique; puis on imagina un support à la loupe ainsi montée, on y adapta un porte-objet, un miroir réflecteur, et le *microscope simple* fut créé.

Leeuwenhoek exécuta ses travaux célèbres au moyen de microscopes simples dont il fabriquait lui-même les loupes. Swammerdam et Lyonnet n'eurent point d'autre appareil grossissant.

Au milieu du xviiᵉ siècle, on substitua aux premières loupes de petites sphères en verre fondu, à foyer plus court, et, partant, d'un grossissement plus considérable, qui marquèrent le commencement des grandes découvertes. Ces sphères furent inventées, selon les uns, par le père Della Torre, selon les autres, par le Dʳ Hooke. Ce n'est que depuis une trentaine d'années que l'on a le cristal de roche filé et fondu, exempt de la double réfraction et dû à M. Gaudin.

Quoi qu'il en soit, l'origine du microscope est fort obscure, de même que celle de la lunette astronomique. On en attribue l'invention au Hollandais Zaccharie Jansen, qui vivait en 1590. D'autres prétendent qu'il fut inventé par Cornélius Drebbel vers 1610. A la même époque (1606), vivaient porte à porte, à Middelbourg en Zélande, les lunettiers Jansen et Jean Lippershey, inventeurs opposés, avec Jacques Metius, d'Alkmaer, de la lunette astronomique.

Cette question est fort embrouillée, car, dans le siècle compris entre les années 1560 et 1660, on voit tous les savants et philosophes s'occuper d'optique. Spinosa fait des loupes pour vivre (1570) ; Porta découvre la chambre noire (1589); Galilée invente sa lunette

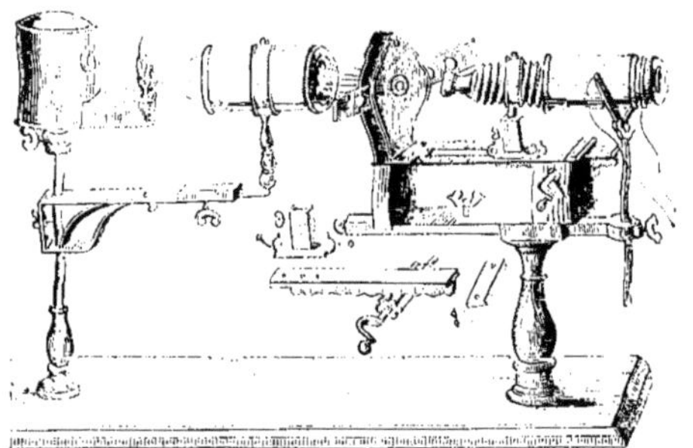

Fig. 1. — Microscope de Bonani, inventé en 1736, muni de sa lampe pour l'éclairage.

et découvre les satellites de Jupiter (1609); Fontana prétend avoir, lui premier, employé la loupe pour des recherches scientifiques; la théorie de la vision est établie par Kepler (1609); et celle de l'arc-en-ciel par Dominis; Descartes (1637) change la face de la science en fixant les lois de la réfraction dans sa *Dioptrique*, etc. Nous avons dit que Leeuwenhoeck faisait lui-même ses loupes. Il n'y avait point d'opticiens proprement dit alors, et ce fut Henri III qui, en 1581, délivra les premières lettres patentes confirmant les statuts de la corporation des *Miroitiers-lunettiers-bimblotiers*.

Enfin le microscope simple ne remonte pas au delà de l'année 1590.

Le microscope composé date du milieu du xvii<sup>e</sup> siècle. C'était

l'appareil d'optique à sa plus simple expression : deux verres dis-
tancés, l'un agissant comme objectif, l'autre comme oculaire.
L'application du système d'oculaire à deux verres par Ramsden fut
un perfectionnement important. Newton, en 1706, avait publié son
*Traité d'optique*. En 1745, Lieberkühn inventa le microscope solaire.
En 1747, Euler, en cherchant la loi de la dispersion des couleurs
engendrées par les verres, aboutit à des conclusions différentes de
celles de Newton, d'où naquirent des discussions fort animées, qui
donnèrent lieu à l'invention des lunettes achromatiques par Dollond.
Ce fut le point de départ des immenses perfectionnements qui ont

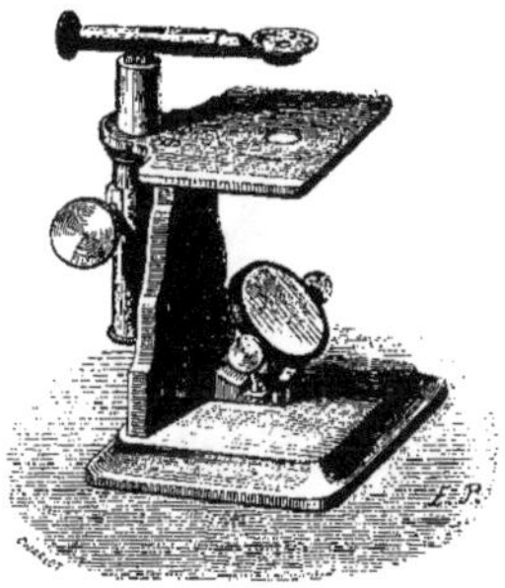
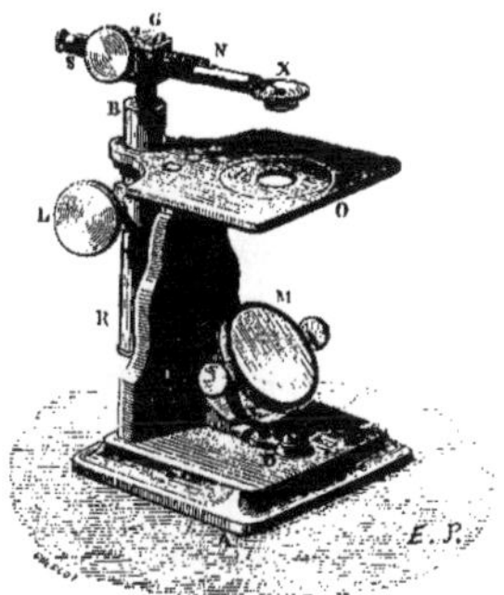

Fig. 2 et 3. — Microscopes simples ou loupes montées.

amené le microscope à l'état où il est aujourd'hui. Vers 1769. Euler,
dans son admirable *Traité de dioptrique*, simplifia la théorie de l'a-
berration de réfrangibilité et de l'aberration de sphéricité, en indiquant la construction des lentilles achromatiques qui, cependant,
ne furent exécutées qu'en 1816, par Fraunhofer, de Munich. Vin-
rent ensuite les recherches remarquables, travaux intéressants et
d'une importance telle dans les fastes du savoir humain, que l'on
peut dire qu'ils ont bouleversé de fond en comble les sciences natu-
relles et expérimentales, d'Young, de Fresnel sur les interférences;
de Malus, Wollaston, Arago, etc., sur la loi de la double réfraction;

des Anglais Goring et Brewster sur les lentilles en pierres précieuses, de Wollaston sur le doublet; de Tulley, Pritchard et Andew Ross surtout. En Allemagne, Ploëssel, Schiek et Pistor. En Italie, M. Amici, qui a imaginé le microscope dit horizontal. En France, les noms qu'il faut citer au premier rang, avec Trécourt, Oberhauser, Cauchoix, Lerebours, Secretan, etc., sont ceux des Vincent Chevalier, Charles Chevalier et Arthur Chevalier, génération de savants chercheurs dont la maison, depuis cent quinze ans, s'est

Fig. 4. — Microscope simple ou loupe montée, perfectionné pour deux doublets.

Fig. 5. — Microscope simple.

tenue non-seulement à la tête du progrès scientifique, mais qui encore peut être citée comme une des gloires de l'industrie française. La maison Chevalier, au Palais-Royal, appartient désormais à l'histoire de l'industrie nationale. Nous esquisserons plus loin la sienne, aussi curieuse qu'intéressante. Nous croyons devoir, auparavant, donner une courte description des microscopes simples et composés, en appuyant naturellement sur celui que l'on peut considérer comme le plus complet, le plus parfait, le microscope d'Arthur Chevalier.

Nous ne nous étendrons pas sur les microscopes simples ou loupes montées qui ne peuvent rivaliser, pour l'étendue du champ et la force des grossissements, avec les microscopes composés. Ils ne consistent d'ailleurs qu'en une seule ou plusieurs loupes combinées au moyen desquelles on aperçoit les objets directement. Les figures 1, 2 et 3, dont nous donnons les dessins, représentent les microscopes simples construits par le docteur Arthur Chevalier. Ce sont les modèles employés dans les laboratoires des Hautes-Études, à la Faculté des sciences et à l'École de pharmacie pour les dissections, la botanique, l'entomologie, etc.

De toutes les matières pouvant être employées pour les lentilles de microscopes simples, telles que le rubis, le saphir, le grenat et le diamant, le cristal de roche réunit le plus d'avantages. Toutefois les lentilles de verre, crown-glass et flint-glass, par leur clarté et leur prix modique, détrônent toutes ces matières.

Les loupes présentent deux imperfections principales qui sont l'aberration de réfrangibilité et l'aberration de sphéricité. La décomposition de la lumière qui s'opère en même temps que la réfraction, colore l'image formée par la lentille des couleurs du spectre, d'où l'on n'aperçoit plus l'objet avec netteté. D'autre part, l'objectif ne donnerait ces images suffisamment nettes que pour les parties exactement situées au foyer, tandis qu'il y aurait une différence sensible pour celles situées un peu en dehors, ce qui enlèverait à un microscope sa qualité la plus recherchée : la *puissance de pénétration*.

C'est pour obvier à ces deux inconvénients qu'on a imaginé divers moyens, identiques au fond pour tous les microscopes simples, dont l'un consiste, pour corriger l'aberration de sphéricité, dans l'association de deux ou trois lentilles, appelées pour cette raison *doublets* ou *triplets*, disposées de façon à voir directement l'objet.

Les lentilles achromatiques furent fabriquées pour la première fois en France par Charles Chevalier, en 1823, et le 30 mars 1825, MM. Vincent et Charles Chevalier présentèrent à la Société d'encouragement un microscope achromatique perfectionné.

Les parties essentielles qui constituent le microscope composé, sont : une *lentille objective* à court foyer placée à peu près à sa distance

focale de l'objet, dont elle forme une image réelle et renversée dans
le tube qui la supporte. Cette image réelle, amplifiée et renversée,
est elle-même regardée, examinée, amplifiée par l'autre lentille
nommée *oculaire*. L'*objectif* est très-convergent ; le foyer de l'*oculaire*
est plus long. Or, l'*oculaire* amplifiant une image déjà grossie, le

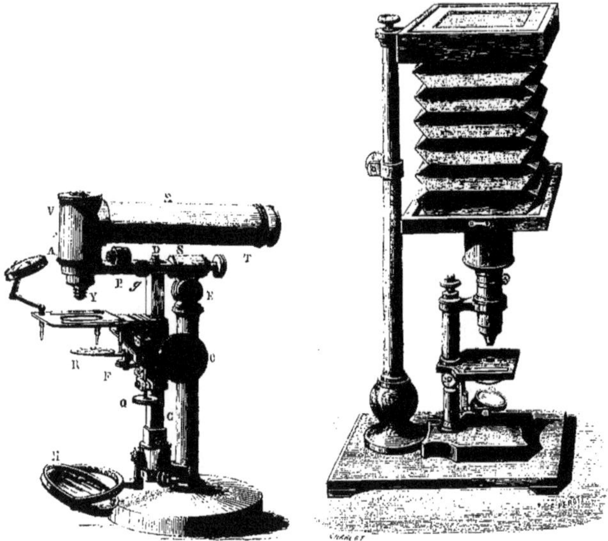

Fig. 6.— Microscope universel       Fig. 7.—Appareil microscopique pour la photographie.
inventé en 1830, par Ch. Chevalier.           Modèle Arthur Chevalier.

grossissement d'un microscope est égal au grossissement de l'objectif
multiplié par celui de l'oculaire.

Dans le microscope composé, la distance entre l'objectif et l'oculaire ne varie pas ; mais l'objet doit être amené à une distance con-
venable de l'objectif pour que l'image puisse être aperçue à la
distance de la vue simple. On augmente le champ du microscope
en plaçant entre l'objectif et l'image réelle qu'il donne une lentille

intermédiaire appelée *oculaire de Campani,* destinée à rassembler les
rayons qui tomberaient sur les parois du tube et non sur l'oculaire.
Elle rend l'image plus nette et contribue à corriger l'inégalité de
réfrangibilité. L'aberration de sphéricité est corrigée par l'interpo-
sition d'un diaphragme entre cette lentille et l'objectif. Ce système,

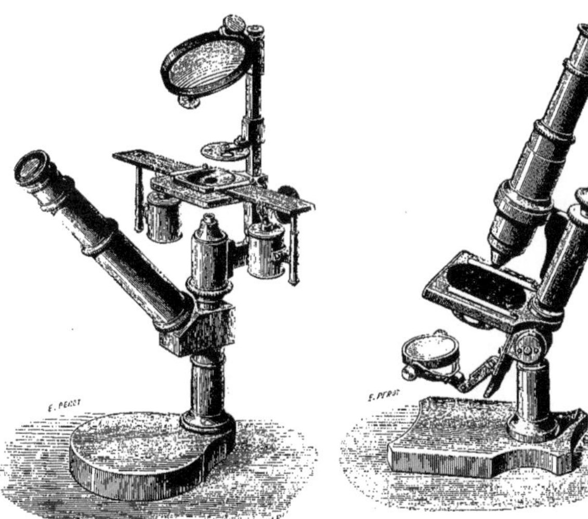

Fig. 8. — Microscope chimique de Ch. Chevalier,
invenlé en 1834, muni d'une lampe pour
chauffer les préparations.

Fig. 9. — Microscope à inclinaison.

toutefois, ne permet pas d'obtenir de très-forts grossissements. Il faut
avoir recours aux lentilles achromatiques, d'une petitesse telle qu'on
ne les distingue qu'à la loupe et d'une difficulté inouïe de fabrication. On en visse plusieurs les unes à la suite des autres à cause
de cette difficulté. On emploie enfin les *microscopes catadioptriques*
afin de passer sur l'achromatisme de l'objectif à l'aide d'un miroir
concave qui réfléchit l'image réelle.

Les microscopes composés sont verticaux, horizontaux, obliques et mixtes, c'est-à-dire pouvant prendre les deux ou même les trois positions.

Les microscopes de la maison Chevalier sont sans contredit les plus parfaits. La figure 6 représente le microscope universel, type le plus parfait du système d'Amici, construit pour la première fois en 1830 par Ch. Chevalier. Les figures 7, 8, 9 et 10 représentent divers modèles pour étudiants, industriels ou amateurs, mais sur lesquels

Fig. 10. — Microscope droit à platine tournante.

nous glisserons pour décrire le microscope d'Arthur Chevalier, grand modèle, le plus complet qui existe. La figure 11 représente le modèle moyen qui le précède immédiatement.

Ce microscope est à inclinaisons, c'est-à-dire qu'à l'aide d'une charnière adaptée à la colonne il peut prendre toutes les directions. La platine est tournante d'après le système du savant Lebaillif. Elle est indispensable pour l'étude des fines structures, des diatomées par exemple. Ses avantages se décèlent surtout dans les

séries à immersion où la moindre rotation montre une foule de détails
qui eussent restés ignorés sans cela. Le tube est à tirage avec divisions ; l'engrenage à coulisseaux et à double bouton pour le mouvement prompt ; une vis de rappel très-précise. — La platine mobile
est recouverte en glace noire. — Un miroir plan et concave monté
à double articulation et à rotation permet l'éclairage de l'objet dans
tous les sens. — Engrenage pour faire mouvoir le diaphragme
variable et le condensateur, et série de diaphragmes à tube. Un

Fig. 11. — Microscope moyen modèle à inclinaison et platine tournante.

micromètre, petite lame de verre graduée au diamant par centièmes
de millimètre, destinée à mesurer le grossissement obtenu avec
chacun des quatre oculaires, 1, 2, 3 et 4, pouvant se mettre au point
entre chacun d'eux. Neuf séries d'objectifs, et deux séries à immersion (1) et correction, grossissant de 40 à 1800 fois en diamètre,

1. Chaque série d'objectifs se compose de trois lentilles, excepté la série nᵒ 1, qui n'en
a que deux :
Le système d'immersion, que l'on doit à l'Italien Amici, consiste à faire en sorte que

c'est-à-dire de 1600 à 3.240.000 fois en surface (1). Chambre claire.
—Micromètre objectif, appareil de polarisation composé de deux prismes de Nicol, miroir de Lieberkhün pour l'éclairage des corps opaques, loupe sur pied pour le même usage, condensateur de Dujardin et enfin tous les accessoires nécessaires.

Les séries ou jeux d'objectifs et d'oculaires se combinent entre elles pour obtenir toute la gamme des grossissements indiqués dans le tableau suivant, les oculaires et les objectifs étant mesurés à la distance de 250 millimètres.

| OBJECTIFS. | SANS TIRAGE. | | | AVEC TIRAGE. | | |
| | OCULAIRES. | | | OCULAIRES. | | |
| | No 1. | No 2. | No 3. | No 1. | No 2. | No 3. |
| Nos 1. . . . . . . | 23 | 30 | 50 | 30 | 40 | 70 |
| 2. . . . . . | 50 | 75 | 130 | 80 | 100 | 180 |
| 3. . . . . . | 100 | 160 | 250 | 140 | 180 | 290 |
| 4. . . . . . | 250 | 350 | 550 | 350 | 450 | 800 |
| 5. . . . . . | 350 | 450 | 650 | 450 | 560 | 900 |
| 8. . . . . . | 380 | 500 | 800 | 550 | 700 | 1100 |
| 9. . . . . . | 550 | 750 | 1300 | 700 | 800 | 1500 |
| A immersion 7 | 330 | 340 | 750 | 480 | 600 | 1000 |
| — 8 | 450 | 650 | 1100 | 600 | 800 | 1300 |
| — 9 | 500 | 700 | 1150 | 700 | 950 | 1550 |
| — 10 | 630 | 850 | 1500 | 850 | 1200 | 1900 |

la lentille et l'objet soient réunis par une couche liquide. Il suffit, pour employer ce système, de placer une goutte d'eau distillée sur la lamelle qui recouvre la préparation, et de même sur la lentille antérieure; on approche alors la lentille de façon à réunir les surfaces liquides, puis on met au point. L'immersion donne des images d'une grande pureté et permet très-bien l'étude des stries des diatomées, telles que la *Navicula angulata*, le *Surinella gemma*, la *Grammatophora subtilissima*, etc.

1. La maison Chevalier construit actuellement un microscope d'une puissance inconnue jusqu'ici. Nous croyons que ce nouvel instrument recevra un accueil empressé de la part des savants. — Il aura quatre objectifs et son grossissement sera de 2,300 fois, soit de 5,290,000 fois en surface.

'INFINI ne peut être comparé qu'à l'infini, car il est incomparable. Or, le même étonnement qui frappe l'esprit humain lorsque dans un puissant télescope on voit passer ces innombrables semis d'univers jetés dans les espaces par un être sans nom, nous assaille lorsque, à l'extrême opposé, nous voyons la multitude d'êtres vivants que leur petitesse dérobe à nos sens.

La micrographie n'a pas dit son dernier mot. Sans doute, l'avenir réserve à l'humanité quelques bribes encore des secrets de la nature. Et combien elle révolutionne nos âmes à chaque pas qu'elle nous laisse accomplir dans son insondable et terrible sanctuaire!

Mais en attendant qu'un explorateur opiniâtre et heureux reconnaisse de Tarsis à Ophir la vaste goutte d'eau, tâchons de rappeler, très-succinctement, les nombreuses applications, les services signalés que rend le microscope aux sciences, au commerce et à l'industrie.

La médecine lui doit ses plus belles découvertes. Par la seule inspection des sédiments des matières éliminées par une voie quelconque, le médecin peut diagnostiquer à coup sûr. Il est inutile de parler de la physiologie, de la botanique, de l'histologie, ces sciences n'existeraient pas sans le microscope. On est saisi d'admiration par l'étude microscopique du règne végétal et du règne animal. C'est le microscope qui faisait dire à Lagrange : « J'ai vu Dieu dans l'aile du papillon ».

Dans la chimie, l'emploi du microscope consiste surtout dans l'étude des cristaux et de leur formation. L'analyse microscopique devrait être universellement pratiquée dans toutes les industries alimentaires; rien ne saurait déceler aussi rapidement et infailliblement une fraude quelconque. Il en est de même pour les industries textiles dans lesquelles l'analyse chimique n'est pas praticable.

Les corps les plus ténus sont mesurés et comptés par le microscope. On a vu et mesuré les stomates de la feuille, les globules du sang, les molécules du fer; on a compté les pores de l'épiderme et observé cinq cents cysticerques ou œufs de ténia sur la pointe d'une aiguille.

Enfin, le microscope est une de ces merveilles de la science qui laisse, à notre avis, bien loin derrière elle les merveilles des anciens et celles de la féerie, pauvre fille de l'imagination.

Et si l'on ajoute à ces considérations la certitude mathématique acquise dans la construction de cet instrument, le soin avec lequel tous les cas sont prévus, l'observation dirigée selon des règles précises, les illusions reconnues et conjurées, on conviendra que l'homme possède le plus puissant agent d'investigation qui se puisse rêver.

Atelier d'optique de Charles et Arthur Chevalier.

## HISTORIQUE DE LA MAISON CHEVALIER

N 1757, douze ans après l'invention du microscope
solaire par Lieberkühn, « dame Claude-Henriette
« Christophe, veuve de Philibert-Vincent Chevalier,
« maître peintre à Paris, y demeurant, cul-de-sac et
« paroisse Sainte-Marine » (1) se présentait par-
devant les « conseillers du Roy », notaires au Châtelet de Paris,
et reconnaissait avoir mis en apprentissage chez le sieur Étienne-
Claude Deslandes, maître miroitier à Paris (on a vu plus haut la
qualification mentionnée dans les lettres patentes d'Henri III), son
fils Louis-Vincent Chevalier, âgé de treize ans et demi, « pour son
proffit et advantage ».

1. Extrait d'une pièce du temps.

En 1765, Louis-Vincent Chevalier était reçu maître et ouvrait boutique quai de l'Horloge du Palais, près des deux Tourelles (1).

Louis-Vincent Chevalier mourut en 1805; son fils Jacques-Vincent Chevalier lui succéda et resta au quai de l'Horloge jusqu'en 1830. A cette époque Charles Chevalier transporta sa maison au Palais-Royal.

Le nom de Charles Chevalier brille avec éclat dans la science de l'optique. — On lui doit, ainsi qu'on l'a vu plus haut, la construction du premier microscope achromatique exécuté en France, l'objectif double ou à verres combinés pour la photographie, le télescope dioptrique à verres combinés, la machine pneumatique à mouvement continu, et une foule de perfectionnements dont un seul eût suffi à la réputation d'un opticien ordinaire.

Il était membre de la plupart des sociétés savantes d'Europe et il a laissé plus de vingt ouvrages dont le mérite et la haute compétence sont incontestés. Il mourut en 1864, laissant dans l'optique un vide qui ne sera comblé que difficilement. Son fils, le docteur Arthur Chevalier, avec qui il était associé depuis 1859, resta seul à la tête de la vieille maison.

1. Voici le texte de la maîtrise qui lui fut délivrée :

A TOUS CEUX QUI CES PRÉSENTES LETTRES VERRONT, ALEXANDRE DE SÉGUR, chevalier, seigneur de Franc, Beigle, Saint-Eujan Laffitte, Latour, Poulliac, Callon, Taste, Queyrac, et autres lieux, Conseiller du roy en ses conseils, Prévôt de la ville, Prévôté et Vicomté de Paris, Conservateur des Priviléges Royaux de l'Université de la même ville, SALUT, Sçavoir faisons qu'aujourd'hui : *Louis-Vincent Chevalier a été reçu Maître et Marchand Miroitier, Lunetier, Bimblotier à Paris,* comme apprenty et y ayant établi sa demeure, en la présence et du consentement des Jurés et Gardes de la dite Communauté, pour la dite Maîtrise dorénavant jouir en user pleinement et paisiblement, tout ainsi que les autres Maîtres d'icelle, après qu'il a fait le serment de bien et fidèllement exercer le dit Métier, garder et observer les Statuts et Ordonnances d'ycelui; souffrir la visitation des Gardes en la manière accoutumée. Ce fut fait et donné par messire CLAUDE-BERNARD-FRANÇOIS MOREAU, Chevalier, Conseiller du roy et procureur de sa Majesté au Chatelet, Siége Présidial, Ville, Prévoté et Vicomté de Paris, Premier Juge et Conservateur des Corps des Marchands, Arts, Métiers, Maîtrises et Jurandes de la dite Ville, Fauxbourgs et Banlieue de Paris : Après avoir vu la Quittance de la somme de trois livres du quatre de ce mois, — signé Duchesne, receveur des annonces de l'Hôpital général de Paris. *Ce septième jour de may, mil sept cent soixante-cinq.* »

F. MOREAU. DE SÉGUR.

25 f. Scellé le 17 mai 1765, r. trente deux sols six deniers.

SCHENAL.

Inutile de dire qu'Arthur Chevalier est le collaborateur naturel des remarquables travaux de Charles Chevalier. Il a publié un grand nombre de publications scientifiques parmi lesquelles nous citerons : *l'Art de l'opticien*, *l'Étudiant oculiste*, *l'Art de conserver la vue*, *l'Étudiant micrographe*, 1 vol. in-8° de 600 pages, 400 figures, etc.

Nous croyons presque inutile de dire que la maison Chevalier fournit les diverses institutions scientifiques nationales ainsi que les grands établissements de l'État. Indépendamment des distinctions de haute valeur accordées aux deux savants, ils ont obtenu six fois la grande médaille d'or aux expositions nationales et quinze médailles d'argent. Mais ce qui donne à ces récompenses un caractère inappréciable c'est qu'elles ont été accordées à la suite de rapports signés par des noms tels qu'Arago, Pouillet, Francœur, baron Séguier, etc.; en un mot, par nos grandes illustrations scientifiques.

Nous terminerons par une courte réflexion sur la profession d'opticien. Autant ami du progrès qu'ennemi du mensonge, le docteur Arthur Chevalier ne cesse de mettre en garde le public contre la qualification fausse et illégale d'*ingénieur* dont la plupart des opticiens se parent.

En effet, sous Louis XVI, quelques hommes d'un mérite réel reçurent l'autorisation de porter ce titre à la requête de l'illustre Cassini. De ce nombre était Fortin, l'inventeur du baromètre qui porte ce nom, puis Bion, etc. Mais ce titre n'existe plus depuis la révolution et nous ne sachons pas qu'il ait été concédé de nouveau (1).

---

1. L'article 1<sup>er</sup> de l'ordonnance de Louis XVI, sur ce sujet, en date du 7 février 1787, contresignée baron Breteuil et Calonne, venant à la suite de considérants relatifs à l'exercice d'une profession se rattachant tout à la fois aux sciences et aux arts et métiers, porte qu' « il sera fait choix parmi les artistes qui nous seront présentés par « l'Académie des sciences, comme s'étant le plus distingués dans la fabrication des « instruments d'optique, de mathématiques, de physique et autres ouvrages à l'usage « des sciences, du nombre de vingt-quatre sujets au plus, lesquels formeront entre eux « un corps, et jouiront des droits, priviléges et facultés ci-après énoncés sous la déno-« mination d'*ingénieurs en instruments d'optique, de mathématiques, de physique* et « autres ouvrages à l'usage des sciences. »

L'article 2 prescrit que chaque ingénieur sera pourvu d'un brevet spécial.

# ART INDUSTRIEL

# ÉBÉNISTERIE

## H. FOURDINOIS

Les grandes découvertes modernes, en dotant l'ébénisterie des puissants moyens dont nous disposons aujourd'hui, unis aux qualités incontestables de bon goût et d'activité de la population parisienne, en ont fait l'une de nos plus importantes branches de production.

Il est généralement reconnu que l'industrie française, pour tout ce qui émane du goût, tient à peu près le premier rang : les bois, les métaux, les tissus, les matières précieuses reçoivent, après les transformations que leur font subir l'artiste et l'ouvrier français, une valeur décuple que nul ne songe à nier.

Si Paris est sans égal ici, c'est parce qu'il s'y trouve des hommes réunissant ces deux qualités, rarement congénères : celle de l'administrateur impliquant la science de l'économie et des combinaisons commerciales; et celle de l'artiste, qui est une qualité naturelle.

Le XIX° siècle sera à la France, par rapport au XX°, dans les fastes de son développement matériel, ce que lui est le XVIII° dans l'impulsion philosophico-morale qu'elle en a reçue des encyclopédistes.

Lorsque la France aura définitivement consolidé son empire industriel sur le monde, empire moins fragile que la souveraineté commerciale d'Albion, il faudra redire les noms de Schneider,

2

Mouchel, Lefaucheux, Charrière, Ruolz, Christophle, Leconte, Bréguet, Fourdinois, etc., pléiade aussi utile que modeste, terre féconde où la pensée du savant, l'idée de l'artiste, en tombant, germent, croissent et couvrent d'ombre le voisinage.

Si Paris enfin est sans égal dans l'association de l'art à l'industrie, c'est que ses praticiens comprennent le grand art et savent s'en inspirer.

Dans l'ébénisterie, notre époque ne le cède à aucune, et ses représentants les plus connus ont accompli, à Paris, les plus belles pièces qu'on puisse citer. Nous donnerons ici un court historique du *Meuble*, en glissant sur les genres divers, rappelant des noms tels que Boule, Berain, Riesener, Jacob, Chenavard, etc., pour insister sur les admirables travaux de M. Fourdinois, dont nous avons le genre spécialement en vue. Toutefois, désirant que le lecteur puisse se faire une idée technique de l'ébénisterie, et afin de présenter le mieux que nous pourrons sa situation comparée aux époques précédentes, nous entrerons dans quelques détails sommaires de technologie, que nous ferons suivre d'un précis historique et, enfin, de quelques considérations sur la maison et les ateliers de M. Fourdinois, à qui nous devons, d'ailleurs, d'avoir pu recueillir des observations précieuses, dans une visite fort intéressante à son établissement de la rue Amelot.

 E fut sans doute vers le XVI<sup>e</sup> siècle que parut dans la langue le terme d'ébéniste, qui servait à désigner les ouvriers qui faisaient les meubles de luxe en ébène particulièrement affectionnés par la Renaissance, et l'introduction d'un grand nombre d'essences précieuses, du bronze, de l'écaille, etc., dans la fabrication du meuble n'a pu changer cette dénomination.

Dans la construction de la charpente du meuble, l'ébéniste emploie d'abord des bois tendres, tels que le tilleul, le sapin, le châtaignier, le chêne, qui sont peu sujets à se fendre et à *travailler;* il applique ensuite un revêtement ou *placage* de bois précieux sur cette charpente.

En général, les bois pour une destination quelconque doivent séjourner plus ou moins longtemps en magasin, afin de permettre la volatilisation de toutes les parties fluides, d'où ils acquièrent leur consistance définitive. Ainsi, nous avons vu, dans les magasins de M. Fourdinois, des bois qui y existaient depuis quinze à vingt ans.

Les bois de placage varient à l'infini. On distingue les *bois des îles* et les bois indigènes. Dans les premiers on compte l'acajou, le palissandre, les bois de rose, d'aloès, satiné, le santal rouge, le santal citrin, l'érable d'Amérique, le courbaril, le bois de fer, l'ébène, qui vient surtout de l'Inde, bien qu'on la trouve en Amérique, au Cap de Bonne-Espérance, en Europe même, où le plaqueminier d'Italie, ou *Diospyros Lotus*, est très-employé.

Parmi les bois indigènes, ce sont : le houx, l'if, les loupes de frêne, d'orme, d'aune, de noyer, ces dernières qu'on est allé chercher à grands frais dans les Balkans, par la rareté des individus en France, en Espagne et en Italie.

On conçoit que le placage ait rendu de grands services, car la cherté de ces bois et les besoins de la consommation n'en auraient point permis l'usage universel à l'état massif. Quelques essences même, comme l'amboëne, le thuya, etc., ne sauraient être employées massives.

Ainsi, lorsque en 1720 le docteur Gibsons de Londres reçut de son frère, marin, plusieurs billes d'acajou, il les relégua au fond d'une cour, parce que les charpentiers n'avaient pu les employer dans leurs constructions à cause de la dureté du bois. Gibsons tint opiniâtrément à ce que son ébéniste, Wollaston, lui en fît un bureau. L'aspect de ce meuble, le premier qu'on eût vu, fit passer l'acajou dans la mode : il est évident que le placage seul pouvait le généraliser.

Les billes de bois précieux sont découpées en feuilles très-minces au moyen de scies mécaniques, ou par le tranchage, qui permet un débit double en évitant la perte de matière qui résulte du passage de la scie.

L'opération du placage est très-délicate et c'est la plus importante de l'ébénisterie ; il ne faut pas que l'on voie le passage d'un bois à un autre, ni qu'une bulle d'air reste sous la feuille. Afin d'obtenir un placage parfait, on prépare soigneusement toutes les feuilles que l'on colle et que l'on comprime fortement avec des presses à vis. On emploie des *machines à plaquer* pour les pièces courbes, qui offrent bien plus de difficultés que les pièces plates.

Après le placage, on *replanit* le bois avec des rabots de différentes finesses ; on procède ensuite au *polissage* au râcloir, au papier-

Fig. 1. — Fauteuil Louis XVI.

verre, à la ponce, etc.; puis on vernit le meuble au tampon, qui lui donne l'éclat et le brillant désiré. Le vernis commence à être abandonné ; on le remplace par le bois poli massif, ou par des placages d'une épaisseur plus forte.

Ceci a trait au métier proprement dit et ces opérations de l'ébénisterie sont en dehors de la partie artistique. Mais il était nécessaire d'en parler afin d'édifier le lecteur sur une innovation brevetée de M. Fourdinois, d'une incomparable supériorité sur le placage.

Pour l'exécution d'œuvres telles que celles qui sortent des
ateliers de la rue Amelot, tandis que des reliefs très-saillants,
des rondes-bosses comportant une certaine épaisseur, à parties
creuses ou rentrantes d'un meuble de prix fait de plusieurs essences
aux effets savamment combinés, le placage offre toujours l'inconvénient d'une durée limitée.

Fig. 2. — Fauteuil Louis XIV.

L'outillage mécanique moderne se perfectionne sans cesse; on
obtient en outre tous les jours des instruments d'une puissance
inouïe. Ainsi, au moyen de la scie à ruban, des plaques de fer, de
cuivre, des blocs de bois dur sont découpés avec une facilité, une
netteté surprenantes; la scie court, glisse, s'incline, se relève et
livre la matière impénétrable découpée à jour dans toute son épaisseur comme à l'emporte-pièce. C'est sur cette invention que
M. Fourdinois a établi son procédé.

Placage et incrustations sont abandonnés. Le déssin le plus compliqué, le plus délicat, le plus rempli de méandres et de lignes enchevêtrées, est exécuté; ses contours sont mathématiquement enlevés dans toute la profondeur de la pièce pleine; il est exactement substitué à la partie enlevée. Il est évident que ce procédé satisfait à des conditions d'économie que le placage ne réunit pas, qu'il permet l'exécution d'une œuvre d'art désormais indestructible et qu'il ouvre un nouvel horizon à l'ébénisterie de luxe.

ÉUNISSANT dans ses vastes locaux, là, sous ses yeux et sa direction, tous les ateliers concourant séparément à l'ensemble de l'*Ameublement*, M. Fourdinois possède, par ce fait même, un élément de perfection dans ses travaux.

Il n'en est pas de même pour la généralité des établissements d'ébénisterie, et, jusque parmi les plus importants, on s'adresse aux usines dans lesquelles on ne fabrique qu'un seul *article*.

En effet, par suite de la division du travail telle que peut la permettre un centre industriel comme le faubourg Saint-Antoine, les articles spéciaux (lisez *industries*) au meuble, et pour la fabrication desquels fonctionnent des fabriques fort importantes, sont nombreux : il y a des scieries à vapeur pour les bois bruts; des usines où l'on se borne à scier le bois de placage; d'autres qui débitent les bois de couleur pour les filets et l'incrustation; « il y a des ouvriers qui travaillent le bois comme la dentelle; des ouvriers qui posent les basanes, des vernisseurs, des colleurs, des sculpteurs de fauteuils, des mouleurs. »

Lorsque le bois a été amenuisé, il faut le tourner, le découper, préparer les moulures, etc., d'où nous avons des ateliers de découpure, menuiserie, tournure, sculpture, dorure, garniture, appropriation des étoffes, de la passementerie, etc.

Quand nous disons que chacune des parties qui font l'ameublement constitue une industrie spéciale, donne l'existence à une usine, mais que tout se trouve réuni chez M. Fourdinois, nous prions le lecteur de ne pas donner à notre assertion une extrême acception ; car il est certain qu'aucun établissement au monde ne pourrait extraire *ab ovo* les matières premières qu'il transforme ou qu'il emploie alors qu'une forme leur a été donnée.

Mais nous voulons dire, et c'est un fait à mentionner au point de vue de l'art industriel, que toutes les parties de l'ameublement ordonné par M. Fourdinois prennent naissance chez lui, et que cet ameublement s'y achève complétement. — Toutes ces parties : les cuivres et les bronzes du fondeur, les étoffes de tous genres, exécutées spécialement sur dessins remis aux fabricants, la passementerie, etc., sont respectivement faites selon le plan d'ensemble d'après lequel M. Fourdinois les ordonne rigoureusement.

Fig. 3. — Lit H. Fourdinois, exécuté pour le roi d'Espagne.

 l'on veut une étude magistrale du meuble, le *Dictionnaire du Mobilier*, de M. Viollet-Leduc, est l'œuvre la plus complète qui existe en ce genre. Ce que nous nous proposons, dans ces quelques lignes, c'est une simple liste des styles engendrés aux époques de grand essor, en citant l'une des œuvres qui caractérisent ces styles.

A notre avis, un grand fait domine l'histoire du meuble. Le meuble est le reflet des mœurs du foyer à toutes les époques, comme le monument reflète les mœurs et coutumes de la vie publique. A chaque période de son existence, l'humanité manifeste son état général. Chaque peuple a une tension dominante qui se trahit dans tous ses faits et gestes, qui se répercute dans chacune de ses actions et se lit dans tous ses actes.

Le meuble, dans l'extrême Orient, immobile à travers les siècles, doit ressembler à l'édifice et celui-ci doit rappeler la tente. Le meuble, chez les Hébreux, était certainement construit selon les lignes géométriques simples ; sans fleurs ni astragales, sans figures ni ornements. — Les fouilles de Ninive, Balbec, Ecbatane et Suze nous ont légué des sculptures et des bronzes des Assyriens ; nous avons les monuments de l'Égypte et ses hiéroglyphes ; des candélabres, des trépieds, des miroirs, des ustensiles de la Grèce et de Rome, mais nous ne saurions posséder un meuble quelconque de l'antiquité, car, la matière par excellence qui le compose, le bois, est infiniment corruptible par rapport au métal. Toutefois, grâce à la corrélation qui lie toutes les productions de l'esprit humain, il faut espérer que la critique arrivera à reconstruire, comme Cuvier en histoire naturelle, Champollion en archéologie égyptienne, un tout complétement disparu dès qu'elle aura retrouvé un seul élément.

Les Égyptiens ne devaient guère avoir que les bois de palmier et de cèdre. Dans les dessins que l'on a de leurs tabourets et fauteuils, dont le *British Museum* possède quelques échantillons, le style rappelle leur architecture massive; les pieds ont la forme de colonnes cylindroïdes ou polygonales; ils ont aussi celle des monolithes et sont quelquefois recouverts d'hiéroglyphes.

Il est certain que les Grecs et les Romains ont dû pousser l'ébénisterie à un degré élevé; ils employaient certainement un grand nombre de bois précieux. Divers ouvrages d'érudits nous donnent les dessins de meubles et siéges romains, toujours en harmonie avec le goût dominant. Si les Grecs empruntèrent à l'Asie l'usage des meubles, des lits notamment, qu'ils transmirent aux Romains, on peut néanmoins supposer, d'après les bas-reliefs et les siéges de marbre existant dans les ruines d'Athènes et de l'Asie, qu'ils avaient bon goût en matière d'ameublement.

Pour parler avec quelque certitude des ouvrages antérieurs en matière de meubles, il faut arriver aux xiii<sup>e</sup>, xiv<sup>e</sup> et xv<sup>e</sup> siècles, dans lesquels les nombreuses corporations de *huchiers*, sculpteurs sur bois et ébénistes de l'époque, reproduisirent, dans des travaux artistiques fort importants, tant pour les églises que pour les palais, toute l'architecture gothique.

Les spécimens de chaires, bahuts, chœurs d'églises, balustrades existent encore dans maint musée.

La Renaissance marque une ère de grandeur pour l'ébénisterie artistique. L'Italien Jean de Vérone, dont les élèves, les célèbres Philippe Brunelleschi et Benoît de Naiano, introduisirent l'art en France, sous François 1<sup>er</sup>, multiplia le premier les nuances du bois par des procédés de coloration artificielle, et exécuta des marqueteries remarquables.

L'ébène, le chêne et le noyer sont les essences préférées. On peut voir, au Louvre, dans ce style, le superbe cabinet de Henri II; le musée de Cluny possède également un coffret de mariage, tout chargé de parties tourmentées et de statuettes, mais d'un ensemble harmonieux et d'un travail effrayant.

A ce moment l'on vit les meubles incrustés d'émaux et de pierres précieuses de Venise, dont la reine de l'Adriatique fit un style particulier, imité de nos jours, et qui est une réminiscence de l'art des Ottomans avec lesquels elle était en perpétuel contact.

Entre la Renaissance et Louis XIV on constate une période de

décadence. Le style Louis XIII fut une transition préparant l'avè-
nement du style Louis XIV.

Le mobilier, sous Louis XIV, prit un caractère de grandeur et de
richesse particulier avec ses incrustations de cuivre et d'ivoire et ses
combinaisons multiples d'arabesques. Le créateur de ce style,
Ch. Boule, était logé au Louvre, dit M. A. Luchet, avec les titres
de peintre, sculpteur en mosaïque, architecte, graveur, ciseleur,
marqueteur ordinaire du roi, premier ébéniste de sa maison et direc-
teur des meubles à la manufacture des Gobelins.

Colbert avait confié aux Gobelins l'exécution complète des ameublements, et avait placé cet établissement sous la direction de
Lebrun.

Sauf l'ameublement artistique, véritables chefs-d'œuvre qui se font
de nos jours, rien ne peut être comparé au travail si compliqué de
Boule groupant, pour son exécution, douze corps d'état autour de
lui.

Berain continua dignement Boule qui mourut en 1732. Son genre,
imité aujourd'hui, n'est plus confiné à l'emploi du cuivre et de
l'ivoire : mais on y fait entrer l'or, l'argent, la nacre, l'écaille, des
ornements en bronze doré et les reliefs sur les panneaux.

Louis XIV, c'était le faste, l'ampleur, la majesté hautaine, quelquefois un peu lourde. C'était Lebrun et Lesueur; c'était le poëme
épique, l'Olympe. Louis XV fut la coquetterie, la grâce, le travail
délicat, le mélange des couleurs éclatantes aux matières d'art, por-
celaines et émaux, le tout chatoyant et éveillant les sens. — C'était
le style Pompadour, — c'était Watteau et Boucher; — ce n'était
plus l'Olympe, c'était Cythère.

Après Louis XV ce fut Riesener qui redressa les pieds tourmentés
et tordus, abolit la rocaille et poussa la marqueterie d'art à sa limite
extrême. Le nom de l'habile ciseleur Gouthières est inséparable de
celui de Riesener.

Nous passerons sur les tentatives faites pendant la Révolution
pour jeter l'art industriel dans la reproduction de l'antique et des
quatre ordres d'architecture, le dorique surtout. Les échantillons
qui nous restent du style dit vulgairement *Empire* ne sauraient répondre à nos goûts, à nos mœurs, et malgré la parfaite exécution

Fig. 4. — Meuble crédence, H. Fourdinois, en noyer poli.

des travaux de Jacob il ne put subsister; l'art ne peut dépendre d'un engouement politique.

Mais les artistes français relevèrent bien vite l'ameublement. Dès 1830, il se manifesta une espèce de renaissance.

Tout à coup *l'ère des machines* arriva. Les Expositions, imaginées par les législateurs de l'an VI, s'ouvrirent. Elles prirent ce caractère international qui grandit chaque jour et vient universaliser l'industrie. Elles révélèrent soudain et les immenses progrès accomplis et la supériorité incontestable du goût de la fabrique française.

Certes, l'Angleterre, à l'Exposition de 1862, par les splendides produits de quelques-uns de ses ébénistes, produits dans lesquels toutefois on reconnaît la main de l'artiste français; l'Autriche, l'Allemagne, par divers travaux, marquèrent leur place. Mais nous devons le dire, et c'est de l'aveu même des étrangers, nulle part les conditions matérielles, même au point de vue économique, ne se trouvent remplies comme dans notre grand centre industriel. Nulle part on ne trouve la fécondité de ressources, l'habileté dans le groupement des détails et l'harmonisation d'un ensemble avec le lieu où il doit figurer, dans la disposition des pièces et des ornements, la conception générale, en un mot, l'exécution et la communauté de sentiment qui unit les maîtres et les ouvriers comme à Paris, — toutes choses qui caractérisent essentiellement la fabrication française et lui assurent la suprématie.

Aujourd'hui, dans l'ameublement artistique complet, M. Fourdinois peut être placé au premier rang.

M. Fourdinois, le père, fonda sa maison vers 1828. Son fils, initié dès l'enfance aux délicatesses de l'art, nourri des bonnes traditions paternelles, entra, dès l'âge de dix-huit ans, dans l'atelier de M. Duban, l'éminent architecte, puis il passa plusieurs années à Londres, et revint à Paris travailler sous la direction d'un de nos premiers fabricants de bronzes.

Dès 1851, à Londres, M. G. Fourdinois avait exposé un buffet qui donna le signal d'un genre nouveau qui caractérisera notre siècle. Il obtint une récompense supérieure (*Council medal*). En 1855, ce fut la grande *médaille d'honneur*.

En 1862, M. H. Fourdinois, successeur de son père, exposa pour la première fois et reçut une médaille pour *la grande excellence de dessin et d'exécution*. A l'Exposition de Dublin, ce fut le même succès ; à Porto, après avoir reçu une médaille d'or *pour la perfection artistique et la parfaite exécution du mobilier de luxe*, le roi de Portugal le décora de l'ordre du Christ.

Le *grand prix* lui fut décerné en 1867. A Vienne, en 1873, il reçut le diplôme d'honneur.

Il nous serait impossible de décrire les magnifiques pièces que M. Fourdinois a exécutées. Ainsi, ce fut à l'unanimité que son *cabinet* en ébène, d'ordres ionique et corinthien, à colonnes fluettes, délicieusement incrusté de lapis-lazuli et de jaspe sanguin, aux sujets de panneaux représentant l'enlèvement de Proserpine, Diane et Apollon, fut trouvé un des plus beaux meubles de l'Exposition de 1862. Il fut acheté par M. Morison, de Londres.

Son grand meuble de 1867, aux bois de teintes différentes admirablement mariés, acheté par le musée de Kensington, fut une œuvre magistrale : *Ab uno disce omnes.*

Nous ne ferons que mentionner les travaux exécutés pour le mobilier de la couronne, les mobiliers des yachts *l'Aigle* et *l'Hirondelle*, ceux des hôtels Camondot, Cail, etc.

Relativement à l'ameublement, il est à remarquer que M. Fourdinois se préoccupe encore, autant que de l'exécution, de l'assortir selon l'architecture du local. Cette condition, dont les tapissiers décorateurs ne tiennent pas toujours compte, exige une science consommée, et il serait à souhaiter, dans l'intérêt de l'art et du progrès, qu'elle se généralisât.

Dans un de ses magasins, on voit un grand nombre de vues panoramiques qui permettent de saisir d'un coup d'œil l'ensemble d'un mobilier. Un meuble, quelle que soit sa perfection, est toujours fait par l'artiste pour un milieu déterminé et en rapport avec son style, sa richesse, sa grandeur ; il arrivera donc que l'amateur ne se rendra pas un compte exact de tous ses avantages s'il est isolé. Sur cette réflexion, nous risquerons ici une observation à propos de l'Exposition actuelle. Il eût été désirable que des espaces suffisants eussent été accordés à quelques exhibitions de ce genre, c'est-à-dire d'ameublements complets qui auraient permis de formuler des jugements plus justes. A tous les points de vue, cette mesure eût certainement porté ses fruits.

La bibliothèque de M. Fourdinois constituera, pour l'avenir, les plus belles archives de l'art industriel au xixᵉ siècle. En ce moment, plus de dix mille dessins sont soigneusement catalogués dans de riches albums et numérotés. Chaque numéro a un numéro correspondant dans un livre spécial dans lequel les matières premières entrant dans la composition du meuble sont relatées avec leurs prix courants. D'autre part, enfin, le meuble achevé est sorti et figure avec le résultat définitif obtenu. Nous n'avons pas besoin d'insister sur les services qu'une telle organisation peut rendre à l'ébénisterie française et sur la confiance qu'elle commande envers son auteur.

Il est vrai que parmi ces dix mille modèles figurent ceux des meubles courants les plus simples. Mais *noblesse oblige*, et le soin, la perfection, le cachet, en un mot, de l'artiste en émergent toujours.

Rendons cette justice à nos habiles et consciencieux industriels, à ceux qui, se dévouant pour le progrès dont les bienfaits rejaillissent sur la société tout entière, recherchent le bien ami du mieux. Car d'aucuns ternissent, il est triste de le dire, la réputation de l'art français : ainsi un ébéniste, en vue d'une exposition, peut faire exécuter un objet extraordinaire et non en rapport avec sa fabrication courante, d'un goût douteux en outre, mais grâce auquel il obtient une distinction quelconque qu'il met à l'actif de son travail journalier. Ce procédé est blâmable, et il est loin de tourner à l'avantage de celui qui l'emploie. C'est parce que nous avons vu par quelles voies s'élèvent les établissements qui font la gloire et la richesse d'un pays que nous émettons cette pensée.

M. H. Fourdinois est chevalier de la Légion d'honneur depuis 1870.

# ORFÉVRERIE

## FABRICATION DU MÉTAL BLANC
## ET DES COUVERTS

'ORFÉVRERIE remonte à l'origine de la métallurgie. Dès que les hommes possédèrent les moyens de travailler les métaux, ils cherchèrent, dans différents buts, à donner des formes artistiques à l'or et à l'argent.

Le mot *orfèvrerie*, par une extension qui n'est pas rare dans notre langue, signifie tout à la fois un art tout entier et les produits de cet art. Les Allemands distinguent l'orfévrerie, *Goldarbeiterkunst*, des objets fabriqués, *Goldschmidsarbeit* ; les Anglais ont également les deux mots : *goldsmith's trade* et *goldsmith's ware*. Les anciens donnaient à l'orfévrerie le nom d'*art toreutique*, de *torus*, moulure ; et le mot *orfévre* (*auri faber*) est le nom générique de tous ceux qui travaillent l'or, l'argent, le platine et les métaux divers dont l'industrie s'est emparée.

Dans cette expression si générale d'orfévrerie, on comprend plusieurs professions constituant des industries distinctes également artistiques. Il y a la *Joaillerie*, la *Bijouterie*, l'orfévrerie d'or, d'argent, de platine, de cuivre ou d'imitation, et, enfin, la plus récente, l'orfévrerie de maillechort ou métal blanc que nous avons spécialement en vue ici, car chacune des divisions de cette branche d'activité exigera un article spécial. La bijouterie-joaillerie ne date d'ailleurs, à proprement parler, que du xvııᵉ siècle, car l'on ne peut accorder ce nom, dans l'acception moderne, aux bijoux primitifs, très-caractéristiques, que nous trouvons chez tous les peuples, à toutes les époques.

La bijouterie comporte un grand nombre de subdivisions et de genres, selon les procédés et les matières employés. On distingue la bijouterie de haute fantaisie, comprenant les objets faits à la main et enrichis de pierres précieuses, tels que diadèmes, colliers, broches, bracelets, poignées d'épées, etc. ; la bijouterie d'art, pour les objets précieux, qui remonte à la Renaissance ; la bijouterie de consommation, qui est la reproduction des deux premières. On trouve dans ces trois grandes catégories les bijoux pleins ou creux, et le genre si intéressant du filigrane. Le bijou plein est le bijou antique. Vient ensuite la bijouterie de corail, de deuil, en camées, en mosaïque, en acier, en fonte de fer de Berlin, en perles, en perles de rose de Turquie, etc. La bijouterie d'imitation, par le *doublé* et le *plaqué*, constitue une industrie importante, mais que la galvanoplastie tend à diminuer chaque jour.

Après ces quelques mots, et ne pouvant nous étendre sur l'ensemble des opérations auxquelles donnent lieu ces genres divers, nous parlerons de l'orfévrerie proprement dite, de celle d'argent et de métal blanc, argenté ou non, et principalement de la fabrication des couverts, en commençant par un aperçu historique de cet art.

L'idée de consacrer les métaux précieux à la confection d'objets décoratifs ou pour embellir les personnes est peut-être aussi ancienne que l'usage de la monnaie. Les causes philosophiques de ce fait peuvent être ramenées à deux principales : l'ostentation et, sans doute, l'occasion d'employer un excès de métal ou le désir de posséder une valeur sous un petit volume : « Au moyen âge, dit un auteur compétent, l'orfévrerie composait toute la fortune mobilière. » A plus forte raison devait-il en être ainsi dans les temps antérieurs.

Mais, à cette considération purement économique, il faudra, dès que les civilisations apparaîtront, ajouter la question des beaux-

arts, et ceux-ci se refléteront toujours les uns les autres ; ceci
devient un lieu commun, car il est évident que la seule architecture
connue du sauvage étant la grotte que lui offre le flanc de la mon-
tagne, son seul meuble sera une pierre pour siége et pour oreiller ;
au lieu d'une coupe il boira dans le creux de sa main, sa statuaire
se bornera à la pierre brute. Lorsqu'il se sera construit une hutte,
on y verra un bloc de bois servant de table, un escabeau et une
calebasse. Puis, quand une société se sera développée et que
l'homme aura construit de grands édifices selon des règles déter-
minées, il voudra que son image ou celle de ses compagnons infé-
rieurs y figure d'une manière indélébile : de là la sculpture ; le
même ordre d'idées fera connaître la peinture. Mais l'ameublement
suit pas à pas l'architecture, la sculpture et la peinture, et ces trois
arts canoniques concourront à sa formation. Pourront-ils donc, à
l'intérieur, être différents quant à la forme, au style, au symbo-
lisme, de ce qu'ils sont essentiellement à l'extérieur ?

L'orfévrerie, comme art, jouera par conséquent un rôle civilisa-
teur, comme tout ce qui tend à diffuser la connaissance des œuvres
magistrales, à entretenir leur souvenir par la reproduction, à élever,
en un mot, le sentiment du beau.

Sous le rapport de la richesse matérielle, nous verrons l'orfévrerie
en présence des questions d'économie sociale, de commerce, de
quantité, de bien-être, etc., questions auxquelles l'industrie lui
permettra, seule, de répondre. Les progrès de toute nature, en
augmentant le nombre des fortunes privées, mettent la consommation hors de proportion avec la production des métaux précieux ;
la fabrication des pièces de toutes sortes, services de table et ornements divers en or et en argent serait onéreuse et insuffisante par
les moyens ordinaires et seulement à la portée du petit nombre :
ces deux obstacles tout-puissants contre la vulgarisation des œuvres
d'art et la participation des masses aux bienfaits de la civilisa-
tion, sont désormais aplanis par les perfectionnements successifs
apportés à l'industrie.

Dans ce sens, la substitution du creux au plein, le plaqué, les
procédés d'estampage, de moulage, de découpage, etc., emprun-
tés aux industries mécaniques, la galvanoplastie enfin, ont produit

une révolution, heureuse à tous les points de vue et qui devait fata-
lement arriver.

On déduira de ce qui précède que l'orfévrerie doit être envisagée
à trois points de vue distincts : de l'économie en ce qu'elle emploie
généralement les métaux précieux remplissant le rôle de signes
fiduciaires indispensables aux relations commerciales, rôle qu'il
importe de ne jamais troubler ; — de l'art, en ce qu'elle est une
partie considérable de l'ameublement et de la décoration ; — de
l'industrie, par la nécessité de plus en plus urgente de perfectionner, de simplifier les procédés, soit en vue de la parfaite exécution, ou de la rapidité de la fabrication. Ceci posé, nous pouvons
glisser sur l'histoire de l'orfévrerie, dont les phases seront identiques à celles qu'on observe dans les autres industries artistiques.

Plusieurs milliers d'années avant Jésus-Christ les Égyptiens, les
Assyriens, Indous, Hébreux et autres peuples asiatiques, étaient
très-avancés en orfévrerie, si l'on en juge par les pièces curieuses
possédées par quelques musées et que l'on peut voir à l'Exposition
de 1878, comme elles figuraient à celle de 1867. La vaisselle des
rois asiatiques était d'or incrusté de pierres précieuses ; l'histoire parle de la richesse des dépouilles de Darius recueillies par
Alexandre. Dans le butin qu'il fit sur Mithridate, Pompée trouva
deux mille coupes en or ornées de pierres précieuses. Nous trouvons, au livre de l'Exode, la mention de la réquisition que fit
Moïse, dans le désert même, sur le peuple juif, des objets précieux
pour en confectionner des bijoux, des vases, des candélabres
propres au culte.

Le temple de Salomon regorgeait d'orfévrerie et l'Ephod du grand
prêtre portait des agrafes enrichies de sardoines. Parmi les grandes
pièces, il y avait les vases d'or pour les libations et les parfums
(*acetabula*, *phiala*, *thuribula*) ; la table des offrandes, ornée de
cercles d'or et d'argent, les chérubins en or, etc. En revenant aux
auteurs profanes, nous verrons de nombreuses citations ; tout le
monde connaît, par exemple, la fameuse description du bouclier
d'Achille dans Homère, et celle du trône de Midas, en or massif,
offert au temple de Delphes.

Du reste, nous renverrons, pour l'orfévrerie antique, aux collections des Studj, du Vatican, du Louvre, du British Museum, du musée de Charles X.

L'orfévrerie grecque est telle qu'on peut l'attendre d'un peuple qui possédait à un si haut degré le sentiment de l'art. Elle est caractérisée par sa composition simple, ses lignes pures, son goût exquis, sa netteté dans l'exécution. Les Romains héritèrent des Grecs; mais toutefois en imprimant à leurs œuvres ce cachet de force et de virilité qui leur est propre. Rome fut la ville de l'orfévrerie par excellence; car, recevant les tributs intellectuels et matériels de l'univers soumis, il y avait nécessairement pléthore de richesses dans la ville éternelle.

Citons le style étrusque, en bijouterie surtout.

Dans les musées de nos villes de province, à Toulouse, Auxerre, Avignon, Tours, Soissons, Troyes, Barry, etc., on conserve nombre de spécimens de l'orfévrerie gallo-romaine; la bijouterie est représentée par différents objets tels que des colliers ou *torques* d'or décorés dont se paraient les dames; en orfévrerie ce sont des coupes, des patènes, des plats, des vases, etc.

Les peuples auxquels on donne habituellement le nom de Barbares, semblent avoir possédé à un haut degré le goût de l'orfévrerie. Les Goths des Karpathes sont célèbres par les belles pièces que l'on a retrouvées. On conserve beaucoup de leurs œuvres et l'on peut voir, provenant de ceux de la Dacie, à qui on les attribue, vingt-deux pièces en or massif dans le musée de Petrossa en Roumanie.

Mais de tous les peuples contemporains de Rome républicaine et sur le même rang que les Étrusques, il faut citer nos ancêtres les Gaulois. Peut-être même leur sommes-nous redevables de l'émaillerie. Philostrate, bien antérieur à Jésus-Christ, cite en ces termes les Gaulois dans ses « Origines de l'émaillerie » : On dit que les barbares voisins de l'Océan étendent des couleurs sur de l'airain ardent, qu'elles y adhèrent et deviennent aussi dures que la pierre, et que le dessin qu'elles représentent se conserve. » Depuis l'empire romain jusqu'à la Renaissance l'histoire de l'orfévrerie est la mieux connue. C'est, dit M. Petit, analysant l'ouvrage de M. Labarthe, l'art qui a été le plus goûté pendant cette période.

C'est d'abord le style byzantin qui reporte sur la richesse matérielle ce qu'il perd du côté de l'art. Les spécimens qui nous sont parvenus de l'orfévrerie byzantine et des styles qui en sont dérivés sont aussi nombreux que riches et curieux. Elle dut le remarquable essor qu'elle prit au christianisme et le sentiment religieux domine dans les orfévreries hispano-gothique, allemande, franque, anglaise, italienne, jusqu'à la Renaissance. En transportant le siége de l'empire à Byzance, Constantin fit des présents magnifiques aux églises de Rome, où l'on voyait d'ailleurs une accumulation inouie de monuments de l'orfévrerie. La basilique de Saint-Pierre (aujourd'hui Saint-Jean de Latran), qui fut terminée vers l'an 800, sous le pontificat de Léon III, et dont les soldats d'Alaric, d'après le récit d'Orose, épargnèrent les vases sacrés, fut surtout l'objet de grandes libéralités. Nous empruntons à M. J. Labarthe la description suivante : « L'abside en forme de demi-coupole était entièrement recouverte de minces lames d'or. Comme dans toutes les basiliques primitives, un *ciborium*, sorte de dôme porté par des colonnes, s'élevait au-dessus de l'autel ; il était d'argent et ne pesait pas moins de 2,025 livres. Dans le fronton principal, tourné du côté de la porte du temple, on avait placé la figure du Christ assis sur un trône, et celles des douze apôtres. Ces figures étaient exécutées en feuilles d'argent repoussées au marteau, et pesaient, celle du Christ 120 livres, et celle de chacun des douzes apôtres 90 livres. Dans le fronton opposé, qui regardait le fond de l'abside, on voyait le Sauveur accompagné de quatre anges, portant des lampes surmontées de croix. Ces figures, également de cinq pieds de hauteur, pesaient, celle du Christ 160 livres, et celles des anges chacune 105 livres. Les yeux des anges étaient en pierres fines. Un lampadaire de l'or le plus pur et quatre couronnes, également d'or, pendaient sous le dôme du ciborium, attachés à des chaînes du même métal. Devant l'autel était placée une lampe d'or qui supportait une coupe dans laquelle brûlait de l'huile parfumée ; elle était enrichie de quatre-vingts figures de dauphins. »

Pendant que l'Occident était déchiré par les guerres de Bélisaire,

Narsès, Théodoric et par les invasions des Francs, des Alamans, des Lombards et des Goths, c'est-à-dire aux v°, vi° et vii° siècles, les arts furent négligés, tandis qu'à Constantinople ils étaient en grand honneur, l'orfévrerie surtout et les arts vestiaires. Saint Jean Chrysostome tonnant du haut de sa chaire contre ce luxe effréné, perdit la vie pour ses censures exagérées. Bientôt les édits de l'empereur Léon III l'iconoclaste, en chassant les artistes qui se réfugièrent en Occident, amenèrent une décadence de l'art byzantin, qui se releva plus tard pour disparaître complétement à la rentrée de Mahomet IV dans Constantinople, en 1453. Mais les artistes byzantins avaient apporté en Italie leurs traditions, leur style et leurs procédés ; puis la grande figure de Charlemagne apparaissant, l'ordre se rétablit, et ce fut le signal d'une renaissance mémorable de l'orfévrerie qui, passant les Alpes', fut pratiquée avec une habileté supérieure par nos aïeux.

On conserve à Venise la célèbre *Pala d'oro* de l'orfévrerie byzantine, représentant les scènes de la vie de Saint-Marc, des anges, des apôtres, des prophètes, et qui est un fouillis éblouissant de saphirs, de camées, etc.

Au moyen âge où les arts, les lettres et les sciences étaient entièrement exercés par les moines, l'orfévrerie religieuse brille d'un éclat particulier. Les châsses, tabernacles, ostensoirs, reliquaires, chandeliers, retables, crucifix, ciborium, croix, couronnes, patènes, calices, burettes, lampes, lustres, fonts baptismaux, autels, encensoirs, pièces de toutes espèces, exécutées en or et en argent par les meilleurs artistes, tel est le champ sur lequel l'orfévrerie s'exerce.

Le style reflète constamment l'art type, l'architecture de l'époque, comme on le voit par les grandes pièces représentant souvent les églises et les monuments religieux.

Jusque vers le xiii° siècle les arcatures et les baies sont en plein cintre ; les figures sont allongées, les plis des draperies sont verticaux, raides, parallèles. Plus tard ces formes lourdes se rapprochent davantage des proportions humaines ; les draperies, sans abandonner le mouvement vertical, deviennent plus savantes ; l'exécution est plus large. On trouve, dans un ouvrage fort curieux du moine

Fig. 1. — EXPOSITION UNIVERSELLE DE 1878.
Fontaine à thé exécutée par M. Adolphe Boulenger.

Fig. 2. — Surtout figurant à l'Exposition universelle de 1878. — (Pièces d'orfévrerie exécutées par M. Adolphe Boulenger.)

Théophile (*Diversarum artium scedula*), la description technique des procédés employés au moyen âge, et ceux par lesquels on pratiquait l'émaillerie très en honneur au ix° siècle.

Nous ne devons pas oublier l'orfévrerie franque à laquelle se rattache le légendaire saint Éloi, dont les travaux étaient encore tant admirés plusieurs siècles après sa mort (V. à la Bibliot. Nat. : *Gesta Dagoberti*, chronique anonyme du ix° siècle). Saint Éloi naquit vers 590, à Catalac, en Limousin ; il fit son apprentissage à Limoges, ville célèbre dans les fastes de l'orfévrerie depuis la domination romaine. Il fonda plusieurs couvents où les moines ne faisaient que de l'orfévrerie religieuse. A Paris, sur l'emplacement du Palais-de-Justice actuel, il avait édifié un couvent de femmes qui brodaient de fil d'or les étoffes destinées au culte ; enfin il encouragea puissamment l'art dans tout le royaume.

De la Gaule l'orfévrerie passa en Espagne. On connaît la fameuse couronne des rois Wisigoths, avec ses vingt-quatre chaînettes en or suspendues à son cercle et portant chacune une lettre. L'ensemble des lettres forme cette inscription : *Reccesvinthus rex offeret.* L'orfévrerie espagnole nous a laissé de fort belles pièces. Elle marqua son apogée à Henrique d'Arfe et ses fils, dont on voit encore quelques ouvrages à Léon et à Tolède.

L'orfévrerie allemande fut aussi très-remarquable ; elle se ressent jusqu'au xi° siècle de la byzantine ; à cette époque l'introduction des éléments de l'architecture la transformèrent. Les abbayes de Saint-Gall, Fulde, Richenaw exécutaient elles-mêmes toutes leurs décorations. — Nous n'oublierons pas de citer ici le curieux morceau de ce type d'orfévrerie connu sous le nom de *Rétable d'Henri II*, et possédé par le musée de Cluny. Henri II en fit présent à la cathédrale de Bâle, à la suite d'une maladie, comme le fait supposer cette inscription : «*Quis sicut Het et medicus soter.*» Ce spécimen complet de l'art roman au xi° siècle mesure 1<sup>m</sup>78 de longueur et 0,95 de hauteur, et est exécuté en métal au marteau par le repoussé.

Lorsque Charlemagne eut débarrassé l'Italie des Lombards, l'orfévrerie prit un essor incomparable et atteignit son apogée sous Louis le Débonnaire. Jamais on ne vit telle profusion d'objets d'or et d'argent dans les églises et les monastères. L'émaillerie, la ciselure, la niellure, le moulage, exécutés par les meilleurs artistes, concouraient à la formation de chefs-d'œuvre dont nous ne possédons que peu de spécimens toutefois. En l'an 1000 les églises, grâce aux dons des populations affolées par la prédiction qui annonçait, pour cette année, la fin du monde, regorgèrent de richesses.

Au XIII° siècle, l'art gothique se révéla; l'orfévrerie sortit des monastères, et la corporation des orfévres, qui existait déjà sous saint Louis, se développa. Ils donnèrent leur nom à une rue du quartier Saint-Germain l'Auxerrois; cette rue disparut en 1790.

Le Quai des Orfévres actuel fut commencé en 1603 et achevé en 1643.

L'orfévrerie suivit les transformations de l'architecture; elle adopta le style ogival et toutes les merveilles de l'ornementation de l'art sarrazin; puis la diffusion de l'art commença lorsque dans les châteaux et manoirs l'usage des aiguières, des vases à boire, des coupes, des hanaps se répandit. A la Renaissance, l'orfévrerie se fait décidément profane; cependant, les imitations et les œuvres des grands maîtres reflètent toujours un peu le style gothique.

On voit paraître, au XV° siècle, cette immortelle pléiade d'artistes qui s'efforcèrent de faire revivre l'art antique.

Ceux de l'Italie, qui furent aussi bien orfévres que sculpteurs, exécutèrent, pour les riches seigneurs, les travaux les plus remarquables, et nous possédons de brillantes études de la plupart d'entre eux : Cione d'Arrezzo, Antonio Salvi, Bernardino di Cini, Michel-Ange, Ghiberti, Maso Finiguerra, de Florence, qui inventa la gravure, et Benvenuto Cellini, le grand orfévre, qui fit faire les plus grands progrès aux arts de l'orfévre et du fondeur.

Les artistes français furent Germain Pilon, Jean Cousin, Pierre Bontemps, le célèbre émailleur de François Ier, Léonard le Limousin, Ducerceau, Jean de Bologne; rappelons également l'orfévre français Briot, dont on peut voir l'aiguière au musée de Cluny, œuvre remarquable tant pour l'ensemble de la composition que pour l'agencement des détails et le fini de l'exécution. La Flandre eut également ses maîtres qui ornèrent les palais des puissants ducs de Bourgogne, des comtes de Flandre, etc. — Parmi les Allemands, il faut citer Israël de Mecken. Quant à l'orfévrerie anglaise, elle a produit diverses œuvres de valeur pour le service religieux surtout.

Après Benvenuto Cellini, l'art sembla se rapprocher du goût oriental en se réfugiant à Venise, si voisine des Ottomans.

Nous définirons brièvement la grande époque de Louis XIV, celles de Louis XV et Louis XVI, pour arriver enfin à l'époque actuelle.

Le siècle de Louis XIV nous apparaît, dans les arts et dans l'industrie, avec le caractère fastueux qu'on lui connaît. Comme dans tous les grands siècles, on voit défiler un cortége de génies dans toutes les sciences, dans les arts et les lettres. Et comme les industries somptuaires, à cette époque, sont inséparables de l'art pur, nous verrons, à côté des grands noms qui ont illustré une branche spéciale de l'art industriel, s'allier ceux des grands maîtres de la peinture et de la statuaire.

Ainsi, dans l'orfévrerie, les œuvres de Poussin guideront les travaux de Claude Ballin, le grand orfévre de Louis XIV. Le coffret d'Anne d'Autriche, chef-d'œuvre d'orfévrerie qui est au musée des

Fig. 3. — Pilon de fonderie.

souverains, au Louvre, est dû aux talents de Lebrun et de Puget. Lebrun donnait également l'impulsion à Pierre Germain. Enfin, les dessins de J. Lepautre avaient ce cachet de grandeur, d'opulence, que respirent toutes les œuvres exécutées sous le roi-soleil. Mais il faut avouer que les grands maîtres avaient des interprètes dignes d'eux. Il suffit de citer, après Claude Ballin, des praticiens tels que Claude de Villiers, Alexis Loir, Dutel, etc. Malheureusement, il ne nous reste que fort peu de spécimens de ces œuvres vraiment artistiques, dont le plus grand nombre fut porté à la monnaie dans les dernières années de détresse du règne de Louis XIV. On peut néanmoins se faire une idée de la beauté des œuvres de Claude

Ballin, notamment par le témoignage de Perrault : « Il y avait,
dit-il, des tables d'une sculpture et d'une ciselure si admirables,
que la matière, toute d'argent et toute pesante qu'elle estoit, faisoit
à peine la dixième partie de leur valeur. C'estoient des torchères
ou de grands guéridons de 8 à 9 pieds de hauteur pour porter
des flambeaux et des girandoles ; de grands vases pour mettre des
orangers ; des cuvettes, des chandeliers, des miroirs, tous ouvrages

Fig. 4. — Fonderie du métal blanc.

dont la magnificence, l'élégance et le bon goust estoient peut-être
une des choses du royaume qui donnoient une plus juste idée de la
grandeur du prince qui les avoit fait faire. »

Le style Louis XV fut remarquable surtout par le soin et le fini
du travail ; mais ce ne sont plus les grandes traditions des Ballin
et des Pierre Germain : Borromini fait école, et le genre rocaille
tient le sceptre de la mode non-seulement chez les artistes français,
mais encore en Allemagne, en Italie et en Angleterre. On ne voit

rien de régulier dans ce style, où cependant l'orfévrerie, par les combinaisons que peuvent donner ses nombreux moyens d'exécution : niellure, émaillerie, repoussage, ciselure, alliance et contrastes des matières précieuses, montra toutes ses ressources. Ce n'était plus le style grandiose, quoique sévère et froid même, de Louis XIV, mais c'était toute la bizarrerie et l'ornementation capricieuse de la rocaille, aux surfaces ondulées, contournées, tourmentées, aux formes indescriptibles et insaisissables. Cela devint un excès d'élégance qui tomba, à la fin, dans la mignardise.

Sous Louis XVI, dont le style est un moyen terme entre le Louis XV et le Louis XIV, il y avait une grande tendance au retour aux formes sévères. Nous avons parlé ailleurs du ciseleur Gouthières ; nous citerons ici Prieur, Delarche et Hauré, qui élevèrent haut l'art de la ciselure.

Tous les métaux précieux furent fondus sous la Révolution ; mais, à partir de l'Empire, l'orfévrerie française reconquiert son ancien rang, et les orfévres français du xixᵉ siècle peuvent être considérés comme étant sans rivaux dans le monde, tant par la composition, le dessin, l'ampleur, la richesse et le goût que par le fini de l'exécution.

Sans posséder un style propre, et tout en s'inspirant du grand art antique et de la Renaissance, tout en imitant et reproduisant les divers styles de toutes les époques et de tous les pays, les œuvres du xixᵉ siècle ajoutent cependant à leur mérite artistique un certain dehors philosophique, émanation bien naturelle d'une époque où la science règne, où la critique a fouillé l'histoire de l'humanité dans toutes ses manifestations, où des considérations relatives à l'industrie et au commerce, par exemple, et inconnues dans les siècles précédents, font surgir de nouveaux points de vue, de nouvelles nécessités.

Notre siècle peut être considéré, en quelque sorte, comme synthétique par rapport aux divers styles, auxquels vient s'ajouter quelque chose d'original qui en fait une époque remarquable.

La Révolution avait tout détruit, il est vrai, mais, à partir de l'Empire, les artistes ne tardèrent pas à surgir. C'est du commencement du siècle que datent, d'ailleurs, les principales maisons qui font l'honneur de l'art industriel français.

Parmi les beaux ouvrages exécutés dans ce siècle, il convient de citer ceux d'Auguste, l'ancien orfévre de Louis XVI ; d'Odiot, orfévre de Napoléon Ier ; de Biennais.

Sous la Restauration, M. Barye fit ses premières études d'animaux dans les ateliers de Fauconnier. Enfin, dans ces dernières années, les expositions nous ont révélé tout ce que le génie artistique et industriel pouvait donner. En 1844, nous voyons les œuvres admirables de Froment Meurice ; en 1847, Vechte expose un vase qui pouvait, comme toutes les œuvres que nous ne pouvons mentionner ici, être mis en parallèle avec les œuvres des maîtres de la Renaissance. En 1855, on vit une pièce hors ligne de M. Bachelet, un autel gothique exécuté sur les dessins de M. Viollet-Leduc, le savant architecte de Notre-Dame.

Il serait trop long d'énumérer, à plus forte raison de décrire, les travaux d'orfévrerie de Lecointe, Lebrun, Durand, Christofle, Odiot fils, Cahier, dessinés par des artistes tels que Baltard, Rossigneux, etc.

Dans les orfévres anglais, nous devons mentionner Hunt et Roskell, successeurs de Mortimer; Minton, Philips, Elkington l'émule de Ruolz. En Allemagne, c'est Albert Wagner qui a relevé avec éclat un art que nos voisins avaient oublié depuis Dinglinger, mort en 1731.

A toutes les expositions, constatons-le sans orgueil, mais avec une légitime satisfaction, la palme de l'orfévrerie a été remportée par la fabrique française. L'Exposition de 1878, plus que toutes les précédentes, laissera un grand souvenir dans l'histoire de l'industrie au xixe siècle.

A côté de la plupart des noms que nous avons cités, nous voyons apparaître d'autres champions s'élançant dans la lice avec un entrain louable et un bonheur mérité par des efforts dont les résultats obtenus sont les garants d'un brillant avenir.

Parmi les plus brillantes expositions de nos orfévres, nous avons remarqué celle de M. Adolphe Boulenger, successeur de M. Boulenger-Hautin, dont la maison remonte au commencement de ce siècle. Le *surtout* (Fig. 2) dont nous avons cru devoir faire exécuter le dessin, ainsi que celui de la pièce remarquable exécutée par M. Boulenger, est un riche assemblage de pièces diverses et usuelles du style Renaissance ; on y voit une corbeille de milieu de table, deux étagères à bras, deux porte-bouquets, quatre candélabres, des compotiers, des porte-assiettes, etc., dont la forme, le bon goût, le fini ne laissent rien à désirer.

La pièce principale, une fontaine à thé (Fig. 1), mesurant un

Fig. 5. — Laminoirs.

mètre de hauteur, mérite une description spéciale, car elle est un des beaux spécimens de l'orfévrerie contemporaine. Elle est conçue dans le style Louis XIV.

Elle est à deux compartiments ayant chacun un robinet. Aux quatre coins du pied de la fontaine les quatre saisons sont représentées assises : le Printemps, sous la forme d'une jeune fille, l'Été sous celle d'un jeune moissonneur, l'Automne sous celle d'une femme, et, enfin, un beau vieillard symbolise l'Hiver. Ils sont reliés par une guirlande composée de fleurs, de seigle, d'avoine, de fruits, de pommes de pins; ces divers attributs correspondant à leur saison respective.

La coque que supporte ce pied porte à ses quatre faces les bas-reliefs allégoriqués des quatre parties du monde : l'Asie, l'Afrique, l'Amérique et l'Océanie; l'Europe, drapée à l'antique, et coiffée du casque rappelle la Minerve des Grecs; elle s'élève au-dessus du couvercle.

Entre celui-ci et la coque se trouve la gorge entourée des quatre

Fig. 6. — Découpoir excentrique.

vents sous la forme classique de zéphirs. Enfin les deux anses supportent entre leurs contours ornés, deux enfants, à la pose gracieuse, en qui l'on reconnaît le Crépuscule couvrant une partie du monde, tandis que l'Aurore se lève aux Antipodes.

Nous bornerons là cette première partie de notre étude, renvoyant à un autre chapitre, où nous traiterons de la bijouterie et de la joaillerie, un aperçu des *nielles*, de l'emploi des émaux de toutes espèces.

Dans la deuxième partie, nous allons nous occuper d'une branche

4

toute moderne de l'orfévrerie ; nous voulons parler de la fabrication des couverts en métal blanc argenté ou non argenté ou en argent massif, qui a pris, depuis quelques années, par les précieux avantages qu'elle donne, une extension considérable qui va croissant chaque jour.

Mais nous devons dire que si nous pouvons donner des détails précis sur la métallurgie du nickel, la fabrication des couverts et de l'orfévrerie de table, nous le devons à l'obligeance de M. A. Boulenger, dont [l'usine située à Créteil, sur les bords de la Marne, est une des plus importantes en ce genre.

# MÉTALLURGIE DU NICKEL

'EST en 1751 que le nickel fut découvert par
le suédois Cronstedt; il ne devait entrer dans l'industrie que près d'un siècle plus tard. Voici
quelles sont ses principales qualités physiques et
chimiques: le nickel est le plus dur des métaux après
le manganèse; il est ductile, malléable et moins fusible que le fer.
L'oxyde de nickel réduit par le charbon donne un culot compacte
légèrement carbonaté ayant l'aspect du platine, à cassure crochue
et d'une densité variant de 8.27 à 8.48. Forgé et réduit en lames
par un travail soigné, il prend la structure fibreuse, il se polit,
s'écrouit et acquiert alors une densité variable entre 8.66 et 8.88.
Le nickel est inoxydable à la température ordinaire; mais chauffé
au rouge, il s'oxyde lentement; dans un creuset, en présence du
charbon, il se combine avec une certaine quantité de ce métalloïde
et l'on obtient une fonte plus fusible; les acides sulfurique, chlorydrique et azotique l'attaquent, mais lentement. Il forme deux combinaisons avec l'oxygène et divers sels, à base de protoxyde, dont
nous n'avons pas à nous occuper ici.

Il s'allie avec presque tous les métaux, fer, cobalt, cuivre, anti-
moine, étain, zinc, etc. Dans la nature il est toujours accompagné
de cobalt, avec lequel il présente une grande analogie, de fer, de
cuivre, d'arsenic et de soufre. On le trouve aussi dans les aérolithes.

Les principaux sels de nickel sont : le *sulfure* (Ni S.) correspondant au protoxyde Ni O, (le peroxyde étant représenté par $Ni^2 O^3$;
l'équivalent chimique du nickel = 369,33), d'un jaune bronzé
métallique, cassant, non magnétique, attaquable par l'acide nitrique
d'une densité de 5.76. L'*arséniure* ($Ni^2$ As) renfermant la plus forte
proportion de Nickel (0.610) et l'arséniate, d'un gris noir, provenant
de l'Aragon, peu abondant.

Dans les minerais de nickel, l'oxyde et le sulfure sont rares. Le
*nickel arsenical, nickéline rouge* ou kupfernickel (Ni As) est le plus

abondant; il en contient jusqu'à 44 pour 100; il est gris-rougeâtre, amorphe, à cassure conchoïdale et très-fragile; sa densité = 7.4 à 7.8; viennent ensuite divers arséniates moins riches et le *nickel gris*. Le métal se retire aussi d'un *arsenio-sulfure* connu sous le nom de *speiss* et livré par les fabriques de smalt qui l'obtiennent ainsi en traitant le minerai de cobalt.

Jusqu'en ces dernières années, on n'a extrait le nickel de ses minerais que par des procédés de laboratoire, ce qui rendait son prix très-élévé. Le procédé proposé par le chimiste Cloez est peut être le meilleur.

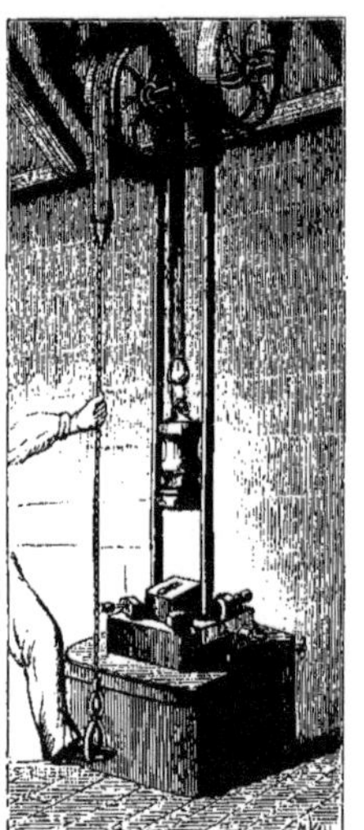

Fig. 7. — Mouton à estamper.

Il consiste à dissoudre le minerai pulvérisé et grillé par l'acide chlorydrique, auquel on ajoute un excès de bisulfite de soude pour réduire l'acide arsénieux; les autres métaux sont traités par l'acide sulfhydrique et précipités à l'état de sulfure. La liqueur contient encore du cobalt et du fer que l'on transforme en perchlorure, puis en sesquioxydes insolubles par le carbonate de chaux ou de baryte. On filtre la liqueur où il n'y a plus que du nickel, qui est précipité à l'état d'oxalate, puis fondu au creuset à un grand feu de forge et l'on obtient un culot de nickel pur.

La connaissance seule de ces procédés n'aurait pu permettre l'emploi du nickel sur une grande échelle; aussi des recherches pour arriver à le pouvoir préparer en grand, comme on le fait des autres métaux, furent-elles faites et en partie couronnées de succès. Voici, par exemple, comment opère M. A. Boulenger à son usine de Créteil, pour le traitement métallurgique du minerai de nickel, et lorsque la séparation du cobalt, qui fait l'objet d'un travail spécial, est effectuée. M. A. Boulenger emploie généralement un minerai provenant des mines de la Nouvelle-Calédonie, qui est un silicate de nickel, contenant de l'oxyde de fer, de l'alumine, de la magnésie, de la silice, des traces de chaux. Dans ce minerai, la proportion de nickel varie entre 5 et 14 pour 100.

Le minerai est d'abord broyé et mêlé à des fondants selon la nature des éléments qui entrent dans sa composition, puis il est introduit dans un cubilot qui est chauffé à la plus haute température. Ce cubilot porte deux ouvertures superposées ; par la première

Fig. 8. — Balancier à friction.

s'échappent les scories, tandis que le nickel, entraîné par la pesanteur, sort par l'ouverture inférieure. Quand on juge que les scories sont presque toutes sorties, on débouche le trou du bas par où l'on reçoit le métal en fusion qui est recueilli dans des poches et versé dans des cuves pleines d'eau, dites cuves à grenailler, avec beaucoup de soin, afin d'éviter les explosions ; le métal tombe au fond d'un panier en tôle percé de trous, où il est débarrassé des scories qu'il garde encore, et trié en grenailles. A ce moment il renferme encore une certaine quantité de fer, de silice et de soufre ; on le broye et on le mêle de nouveau à des fondants, appropriés à l'état de la matte, qui lui enlèvent ses impuretés, puis, rejeté dans une deuxième cuve à grenailler, il est refondu dans des fours à quatre creusets, à peu près semblables à ceux employés pour la fonte de l'acier. On le pulvérise une dernière fois au broyeur et, si l'on veut du nickel chimiquement pur, on le traite par le procédé que nous avons décrit plus haut, ou par un procédé analogue en rapport avec le minerai à traiter ; — mais les trois quarts des opérations sont déjà faites.

Dans le cas contraire, et si on le juge assez pur pour être employé, ce qui arrive le plus souvent, on le fait refondre en le mêlant aux battitures de cuivre. Le métal ainsi obtenu est généralement dans la proportion de 50 pour 100 de nickel et 50 pour 100 de cuivre. C'est celui qu'emploie M. Boulenger, pour la fabrication de son métal spécial et qui est, selon nous, le métal supérieur du commerce ; car, cette première qualité, affectée à la fabrication des couverts, contient :

> Nickel. . . . 19    p. 100
> Zinc. . . . . 19,5   —
> Cuivre. . . . 61,5   —

pour les pièces difficultueuses et les pièces repoussées, on augmente légèrement la proportion de cuivre en diminuant celle du zinc.

Nous avons dit que le nickel s'alliait avec presque tous les métaux ; laissant de côté les admirables applications que l'industrie en fait par la galvanoplastie, depuis la note communiqué à l'Académie des sciences par M. E. Duchemin, en 1875, sur l'emploi du nickel précipité par l'action de la pile, pour protéger les métaux contre l'oxydation, rappelant que ce procédé avait été publié pour la première fois, en 1862, par M. Becquerel, membre de l'Institut (V. *Comptes rendus de l'Académie*, t. 55), nous nous bornerons à parler de l'alliage le plus important de ce métal, c'est-à-dire avec le cuivre et le zinc, pour constituer le maillechort ou métal blanc. Nous ferons

ici une légère digression pour nous élever et prévenir le public
contre l'abus des dénominations sans portée qui a été fait de cet
alliage, auquel nous ne reconnaissons que le nom primitif de *maillechort*, des noms des deux premiers importateurs en France d'un
brevet pris en Allemagne, vers 1825, Maillé et Charlier, ou bien la
dénomination française et logique de *métal blanc, couleur argent*, par
laquelle M. A. Boulenger le désigne ; car toutes les terminaisons en
*ide*, ou *ine*, par imitation de la taxigraphie minéralogique, n'indi-
quent autre chose que la composition d'un alliage, dans lequel les
trois corps entrent dans des proportions arbitraires, la quantité de
nickel faisant surtout la valeur élevée du métal blanc.

Les anglais l'appellent *argentan, packfond* ou *maillechort*. On distingue
*l'argentan ordinaire*, *l'argentan blanc*, *l'électrum*, le *tutenag* et la *soudure
pour l'argentan*. La composition la plus riche en nickel qui se puisse
travailler renferme : Cuivre, 47 p. 100; Nickel, 34 p. 100; Zinc, 19
p. 100. — Encore ce métal ne supporte-t-il que le ciseau, et n'est
guère employé qu'à la fonte. Le métal connu sous le nom d'*alfénide*
renferme 12 p. 100 de nickel; c'est donc du maillechort ordinaire

Fig. 9. — Tours de fraiseurs et meuleurs.

# ORFÉVRERIE DE TABLE ET COUVERTS

N suivant les indications de M. Ad. Boulenger, à son intéressante et remarquable usine de Créteil qui, toute jeune encore (les installations datent de 1870), s'avance à grands pas dans la voie du progrès industriel et du développement commercial, nous avons pu suivre toutes les phases de la confection des couverts de table, des diverses pièces d'orfévrerie et de la coutellerie. A Paris, dans la rue du Vert-Bois, ce sont les ateliers spéciaux de niellure, émaillerie, ciselure, guillochage, argenture, dorure, etc., de toutes les pièces qui sortent de l'usine de Créteil.

Ceci posé, le lecteur pourra voir le métal, matière brute et informe, se transformer par une foule d'opérations, en passant par les mains de nombreux ouvriers différents et spéciaux, en ces objets d'aspects si variés, de formes délicieuses ou grandioses, qui ornent nos tables et concourent à embellir nos habitations.

L'alliage destiné à composer le métal blanc et dans lequel on laisse jusqu'à 16 pour 100 de nickel, est obtenu par la fusion au creuset (Fig. 4). Quand la matière a acquis le degré d'homogénéité voulue, elle est versée dans une trémie, sorte de tamis diviseur dont les trous correspondent à 8 ou 10 lingotières groupées en un seul faisceau ; on obtient ainsi 8 ou 10 lingots par chaque coulée. Pour la fabrication du maillechort en bande, les lingotières sont plus grandes et ne donnent que deux lingots par coulée, et un seul pour la planche du commerce. Les lingots pour couverts sont passés à un puissant laminoir (Fig. 5), appelé dégrossisseur, qui aplanit la croûte de fusion et vivifie le métal ; ils passent successivement sous d'autres rouleaux, moins forts, mais plus unis, qui les amènent à l'état de bandes (après les recuissons nécessaires), aux dimensions d'épaisseur et de longueur voulues pour être découpées. La recuisson a lieu dans un four spécial, ayant deux ouvertures pour l'entrée et la sortie des planches ou des bandes.

Lorsque les bandes pour couverts ont atteint leurs dimensions, un découpoir excentrique (Fig. 6) enlève, d'un seul coup, dans leur largeur, deux pièces disposées tête-bêche, massives, ramassées, qui font soupçonner déjà la cuiller ou la fourchette, ce qui leur a valu, en terme d'atelier, le nom de *crapaud;* d'autres disent *flan.*

Le découpage, malgré cette ingénieuse disposition, laisse un déchet considérable. Ainsi, pour donner une idée de l'importance de la fabrication au point de vue de l'outillage, de la main-d'œuvre et de la matière nécessaire, en considérant que M. Boulenger, par exemple, peut livrer au commerce jusqu'à 50,000 douzaines de couverts annuellement, nous dirons que les déchets résultant de l'ensemble des opérations absorbent près des deux tiers de la matière première mise en œuvre.

Les *crapauds* sortant du découpoir excentrique sont passés à la meule en émeri faisant 2,000 tours à la minute (Fig. 9), afin de les blanchir pour vérifier l'intérieur des pièces ; puis ils sont placés sur une matrice plate, qui, au moyen d'un guide spécial, vient passer au laminoir dit de préparation (Fig. 5), qui allonge successivement les diverses parties de la pièce correspondant aux *cuilleron, fourchon* et *spatule,* et lui donne les épaisseurs suivant la gravure de la matrice. Ces pièces reviennent au découpoir, qui découpe d'un seul coup le cuilleron et les trois dents de la fourchette. Ainsi préparées, elles sont blanchies aux acides et visitées ; les pailles sont enlevées au grattoir, et celles qui présentent des imperfections sont rejetées pour être fondues de nouveau. Ensuite, l'action d'un petit balancier conduit par un apprenti commence à leur donner la cambrure et l'emboutissage, opérations qui se font simultanément avec une grande rapidité. A ce moment, les pièces sont placées entre deux matrices en acier gravées en creux et en relief, qui donnent aux couverts leur forme définitive, avec les filets ou autres ornements dont on a voulu les décorer. Ces matrices sont soumises à l'action d'un puissant balancier à friction (Fig. 8), d'un système nouveau très-ingénieux, dont le fonctionnement est irréprochable.

En sortant de là, les pièces sont entièrement terminées quant à leur forme, à leur cambrure, aux reliefs et dessins qu'elles portent.

Leur perfection a lieu par les opérations suivantes : l'*ébarbage* se fait au moyen d'une molette en acier à 2,200 tours par minute qui enlève les grosses rebarbes, et achevé à la lime ; pour l'intérieur des fourchettes on emploie une fraise très-mince en acier faisant 2,500 tours à la minute (Fig. 9).

Le polissage s'effectue au moyen d'une molette en buffle, à 2,600 tours par minute ; il est terminé sur un moule de brosses de poils de sanglier qui pénètrent en même temps dans toutes les parties creuses (Fig. 10). La ponce et l'huile sont les matières employées.

Rappelons enfin que dans le cours de la fabrication, tant des couverts que des pièces d'orfévrerie, on les soumet à la recuisson et au dérochage nécessaires.

L'argenture des couverts a lieu par les procédés Ruolz et Elkington, tombés depuis longtemps dans le domaine public après avoir été achetés par MM. Christofle et C<sup>ie</sup>. Cette circonstance, en permettant la libre concurrence, a été l'une des principales causes de l'extension qu'a prise l'orfévrerie de table et des progrès réalisés dans la fabrication. Il existe aujourd'hui une douzaine environ de maisons ayant un outillage assez important pour effectuer une fabrication complète.

Ainsi, M. Adolphe Boulenger ayant succédé, en 1864, à M. Boulenger-Hautin, fonda à Créteil en 1870, sur les bords de la Marne, une usine où l'outillage reçoit le mouvement d'une machine à vapeur de la force de 50 chevaux, où l'on peut suivre toutes les opérations de l'orfévrerie depuis le traitement des minerais jusqu'à la perfection de toutes les pièces. Son propriétaire peut lutter aujourd'hui, sous le rapport de la fabrication supérieure et de la célérité, avec les établissements les plus anciennement établis. Grâce à son esprit attentif à appliquer sans cesse des améliorations nouvelles, dont l'industrie lui est redevable de quelques-unes, M. A. Boulenger a pris rang désormais parmi nos meilleurs orfévres, et, malgré la désastreuse interruption de 1870, son usine étant transformée en une forteresse crénelée de 200 mètres de longueur, son installation détruite, ses ateliers bouleversés, nous le voyons se relever immédiatement et, en peu d'années, atteindre à la hauteur des premières manufactures de métal blanc et d'orfévrerie d'argent.

Toutes les pièces portent un poinçon indiquant la quantité d'argent employé ainsi que la marque de fabrique, qui est un croissant entouré d'étoiles, avec les initiales A. B. et le nom, en toutes lettres, du fabricant, *A. Boulenger*, qui indique, d'une manière plus certaine, leur authenticité. Le poids de l'argent déposé sur les couverts de table est de 84 grammes, et la durée de l'argenture atteint jusqu'à 8 ou 10 années. Pour les pièces d'orfévrerie l'argenture peut durer davantage pour les unes, tandis que pour d'autres elle est illimitée. Les parties qui s'usent le plus rapidement sont celles qui sont le plus fréquemment exposées au frottement. Ainsi

Fig. 10. — Tours des polisseurs.

l'on voit toujours l'argent disparaître d'abord, dans les fourchettes, par la pointe des fourchons. M. Boulenger emploie un procédé fort simple pour obvier à cet inconvénient, qui consiste, sans augmenter sensiblement le prix des couverts, à munir les fourchettes de pointes en argent massif.

Toutefois la solidité avec laquelle il établit les pièces d'orfévrerie, toutes les soudures étant faites au cuivre ou à l'argent au lieu de la soudure d'étain employée dans le plaqué, les fait résister à l'usage le plus prolongé ; leur forme demeurant toujours intacte, la réargenture par l'électro-chimie leur rend, à peu de frais, leur apparence primitive, d'où l'on peut dire que cette orfévrerie est éternelle.

Au moyen âge on portait les aliments à la bouche avec les doigts. Les empereurs d'Orient se servirent les premiers des cuillers, comme on peut le voir par les reproches adressés par Pierre d'Amiens à la fille d'un empereur qui, ayant épousé le fils de Pierre d'Orséolo, doge de Venise, se sert de petites fourches et de cuillers. Dans son ouvrage publié en 1611, Tom Coryat parle des fourchettes.

Les grands seigneurs du xvii° siècle avaient des couverts en or et en argent qui étaient de véritables objets d'art. Au xviii° siècle, on fabriqua des couverts en fer battu et en alliage de plomb et d'étain.

A la fin du siècle dernier, ils étaient forgés à la main à l'aide du marteau ; la pièce était posée sur une étampe ou tas fixé sur un billot, puis on les cambrait sur une autre étampe au moyen d'un poinçon ; les ornements divers étaient faits par les procédés ordinaires de la gravure, ce qui augmentait notablement les prix des couverts. Jusqu'en 1840 la fabrication des couverts comportait trois opérations : 1° le découpage du lingot, à la cisaille, d'après un patron ; 2° le forgeage par lequel il acquerrait les formes et dimensions voulues : c'était la préparation ; 3° la perfection.

La pièce était placée sous un balancier à bras analogue au balancier monétaire ; elle était estampée par parties, et successivement avec trois matrices. Elle en ressortait presque finie, sauf les opérations de cambrure au maillet, de bouterollage, limage et de polissage à la main. En 1840 cette méthode fut profondément modifiée ; mais les premières tentatives de cette modification remontent à Jalabert qui, en 1817, prit un brevet pour effectuer au laminoir toutes les opérations de la perfection. (On peut voir la description de la machine de Jalabert au tome XXX, p. 2, *Des Brevets expirés*). Depuis 1840 les machines se sont encore perfectionnées, et la fabrication des couverts a pris une extension énorme.

On compte en France 250 ouvriers employés à la fabrication des couverts en argent ; celle des couverts en maillechort occupe 1,500 ouvriers. L'orfévrerie des pièces d'argent compte 500 ouvriers ; enfin les divers ateliers d'argenteurs, de polisseurs, brunisseurs, reperceurs, etc., donnent un total de 2,000 ouvriers et ouvrières. Ces chiffres ne sont pas d'une exactitude rigoureuse, cependant on peut

admettre celui de 5,000 pour les ouvriers des deux sexes occupés à
Paris.

La consommation annuelle de l'argent s'élève à 90,000 kilogrammes environ ; celle de l'or à 250 kilogrammes. On connaît le
prix de ces deux métaux ; quant au maillechort, son prix varie de
600 à 800 fr. les 100 kilos. La valeur totale des métaux orfévris
peut être répartie comme il suit :

| | |
|---|---:|
| Argent manufacturé (pièces d'orfévrerie). F. | 19.000.000 |
| Petite orfévrerie. . . . . . . . . . . . . | 6.000.000 |
| Couverts en argent (chiffre rond) . . . . . | 10.000.000 |
| Couverts en maillechort (chiffre rond). . . | 20.000.000 |
| Soit environ. . F. | 55.000.000 |

Fig. 11. — Tour à repousser.

pour la France, dont un tiers est consommé à l'intérieur et les deux
autres tiers exportés en Turquie, dans le Levant, en Égypte, en
Espagne, en Italie, dans les deux Amériques, au Brésil surtout.

## ORFÉVRERIE D'ART. — VAISSELLE PLATE ET MONTÉE.

Les pièces artistiques, grandes et petites, exigent toute la science
de l'orfévre et le concours d'ouvriers spéciaux, d'"artistes même,
indépendamment du dessin. Ce sont les *surtouts* de table, les
*aiguières*, les *coupes* pour prix décernés dans les courses et concours,

les productions d'objets d'art, les bronzes et généralement toutes les pièces quelconques exécutées spécialement sur commande, portant des chiffres, des reliefs, des gravures avec incrustions d'or et d'argent, des émaux cloisonnés, des nielles [1], des incrustations de nacre. Cette orfévrerie se fabrique toujours par les anciens procédés : fusion, forgeage, repoussage, ciselure ; on emploie aussi la *retreinte* comme dans la chaudronnerie, au moyen de la *bigorne*. Cependant ici encore la mécanique apporte son aide pour quelques opérations où l'on peut l'employer.

Les incrustations d'or ou les ornements en émaux par l'incrustation ou par le cloisonnage, sont faites par la gravure à l'eau forte, en rouge ou demi-rouge. Les cloisonnés se font également sur des pièces en rouge ou demi rouge sur lesquelles on applique, avec une soudure spéciale, de petits fils carrés de cuivre, indiquant les dessins qu'on se propose de reproduire. Dans tous les cas on remplit d'émail par des coulées successives ou simultanées jusqu'à ce que l'on ait atteint le niveau du métal ; on passe au four pour obtenir la vitrification des émaux, puis on procède au polissage à la molette. Enfin la dorure est appliquée par les procédés ordinaires, mais en ayant soin de ne pas se servir d'acide pour décaper, si c'est une pièce de cuivre, car le métal serait rongé et se trouverait au-dessous du niveau de l'émail. Le vœu de l'abbé Texier (*Mémoires de la Société des*

---

[1] « L'art de nieller qui était fort en usage durant tout le moyen-âge, mais qui fut abandonné vers le temps de Louis X le *Hutin*, consistait à étendre dans les tailles d'une gravure exécutée sur l'or et sur l'argent une composition métallique, espèce d'émail noirâtre, appelé en latin, à cause de sa couleur, *nigellum*, et en italien, *niello* ; cet émail, qu'on fixait en le mettant en fusion, était ensuite poli avec le reste du métal. L'argent et l'or devenaient brillants dans toutes les parties que le burin n'avait pas entamées ; partout, au contraire, où il avait tracé le moindre sillon, le nielle en remplissait le creux, et par sa couleur noire faisait ressortir vivement le dessin de la gravure, ce qui produisait à peu près le même effet qu'un dessin au crayon noir tracé sur vélin. La niellure était employée pour exécuter des arabesques et autres ornemements délicats ; on s'en servait aussi pour faire des portraits ou même de petites compositions historiques dans des proportions qui n'excédaient pas celles de nos miniatures. Ces espèces de médailles étaient ensuite incrustées sur des calices, sur des reliquaires ou sur des couvertures de livres d'autel ; on en décorait aussi des meubles et des bijoux. » (*Études sur les beaux-arts*, t. I, p. 256, par M. Vitet. )

*antiquaires de l'Ouest, 1845*), pour la reprise de cet art aux couleurs inaltérables, à l'éclat éternel, est exaucé ; nos orfèvres, nous le répétons, pratiquent tout.

A côté des procédés employés de tous temps en orfévrerie, la galvanoplastie est venue prêter ses ressources ; ainsi on peut obtenir des dessins de différentes couleurs par les épargnes dessinées sur les pièces et qui ressortent du bain, soit en argent, soit en or ou en couleurs. M. A. Boulenger excelle dans ces diverses parties et nous nous rappelons volontiers les belles pièces qu'il obtient dans ses ateliers de la rue du Vert-Bois, et qui lui ont valu, du reste, ainsi que sa fabrication, remarquable à tous les points de vue, des distinctions dans nombre d'expositions françaises et étrangères.

La vaisselle de table se faisait, il y a quarante ans à peine, entièrement à la main ; aujourd'hui nous retrouvons dans cette fabrication tous les procédés mécaniques de laminage, d'estampage, de repoussage au tour, de découpage. Les manches de couteaux et la multitude des petites pièces sont estampés au mouton avec une matrice gravée en creux et un marteau au nez percé de petits trous divergents sur lequel on griffe une *contre-partie* en plomb, en cuivre rouge ou même en fer.

Les parties à surfaces géométriques des grandes pièces, telles que soupières, théières, cafetières, etc., peuvent être également estampées au balancier, ou faites au tour à l'aide de mandrins ordinaires et de *mandrins brisés*, c'est-à-dire composés de morceaux maintenus par une clef centrale qui, retirée après que la pièce est achevée, les laisse retomber. Elles passent alors entre les mains des monteurs qui soudent les diverses parties, bords, anses, griffes, pieds, becs, etc., au chalumeau à gaz oxy-hydrogène.

Pour les plats ronds ou ovales, les opérations sont interverties, c'est-à-dire que le tourneur les achève après la soudure des bords. On opère de la même façon pour toutes les pièces qui doivent être planées au marteau. Ainsi, pour les grands plateaux à anses, on soude les moulures et les anses sur une plaque suivant le contour qu'on désire ; on retouche les soudures, on ragrée la ciselure, on donne la forme intérieure au marteau, puis on polit. Le travail du planeur donne aux pièces la forme, la raideur et la sonorité.

A ce moment, on exécute les gravures au burin ou à l'eau-forte,
le guilloché azuré, etc. Cependant, lorsque les pièces rondes ou
ovales ont des griffes ou des anses, il est préférable de faire le guilloché avant la monture, afin d'éviter les arrêts brusques et disgra-
cieux du guilloché autour des anses. On conçoit qu'il faut, dans ce
cas, une soudure parfaite et telle que nous l'avons vu faire dans les
ateliers de M. Boulenger, qui procède le plus consciencieusement du
monde à toutes ces opérations, comme dans le choix des matières
premières ainsi que pour l'admission des pièces fabriquées, que
nous avons vu rejeter à l'essai pour le moindre défaut.

Nous bornerons là une étude sur un sujet dont le développement
exigerait des volumes; nous renverrons d'ailleurs aux ouvrages plus
complets qui existent et à ceux que nous citons, nous contentant de
présenter notre travail comme un résumé succinct mais fidèle de
l'un des côtés de cette industrie artistique.

# ART INDUSTRIEL

# PAPIERS PEINTS

## A LA PLANCHE

E grand débat est clos ; la lutte acharnée de la routine contre le progrès s'est définitivement terminée par la victoire de celui-ci ; la presse à bras, le métier à la main, si longtemps défendus avec acharnement, ne comptent plus aucun champion sérieux, et il est enfin permis de s'abstraire des entraînements du combat pour étudier froidement, sans parti pris, la question de la fabrication mécanique et de la fabrication manuelle.

Ainsi examinée, cette question cesse d'être aussi simple qu'elle le paraissait tout naturellement à des adversaires passionnés ; comme il arrive presque toujours, on s'aperçoit maintenant que les torts, dans cette fameuse querelle, n'étaient pas d'un seul côté, et que chacun des deux partis possédait une parcelle de vérité dont il est temps de faire le départ.

L'activité humaine a deux grands modes de manifestation : l'art et l'industrie.

Mais ces deux formes d'activité, faciles à distinguer si l'on prend des exemples fortement caractérisés, les arts du dessin, par exemple, et les industries extractives, sont si loin d'avoir, dans toute la série des arts et métiers, le même caractère tranché, qu'on a été contraint

5

de créer toute une catégorie spéciale dans laquelle l'art et l'industrie sont intimement associés sous le nom d'arts industriels.

Et cette expression même ne nous paraît pas suffisamment précise ; car, à côté des arts, il eût été nécessaire, croyons-nous, d'admettre les industries artistiques. Nous n'avons pas besoin de faire ressortir l'avantage de cette distinction.

Si maintenant on réfléchit au rôle des machines dans le travail humain, on arrive sans peine à cette conclusion absolument logique : le travail mécanique est applicable à toutes les œuvres de l'industrie ; le travail manuel est seul possible pour l'exécution des œuvres d'art ; dans les industries artistiques et dans les arts industriels, le travail manuel et le travail mécanique peuvent et doivent être associés dans des proportions variables, suivant le rôle prépondérant de l'art ou de l'industrie.

C'est pourquoi, malgré l'évidente analogie des résultats, il n'est pas désirable, il n'est même pas possible que le métier Jacquart soit introduit jamais dans des ateliers de tapisseries du genre des Gobelins ; c'est pourquoi, dans l'industrie des papiers peints, les papiers ordinaires peuvent s'imprimer par des moyens mécaniques, mais les papiers de luxe doivent s'exécuter à la planche, c'est-à-dire par un procédé analogue à celui qu'on emploie pour tirer les estampes, et même avec certaines complications, certains soins artistiques spéciaux que nous décrirons plus loin, et qui sont imposés par l'emploi des couleurs.

Nous avons cru nécessaire d'entrer dans ces considérations générales pour prévenir une erreur trop commune sur le côté vrai des machines industrielles ; pour protester, disons-le hardiment, contre l'envahissement trop général de l'art par le métier, et pour encourager des industriels intelligents dans leur fidélité aux anciennes traditions, fidélité qui serait ailleurs une grossière erreur économique, mais qui n'est ici que la saine interprétation des nécessités de l'art.

Quand nous parlons de traditions, il faut bien nous entendre : le travail manuel est le procédé naturel, nécessaire de l'art, mais il est aussi celui de l'ignorance et de la routine.

Les premiers papiers peints s'exécutaient à la main, mais sans aucune préoccupation artistique, et uniquement parce qu'on n'avait encore imaginé aucun procédé plus économique et plus expéditif.

Les premiers spécimens de papiers peints connus en Europe y furent apportés par les Hollandais ; ils nous venaient de la Chine et du Japon.

Et d'où pouvaient-ils nous venir, sinon des pays classiques du papier, de la Chine, du Japon surtout, qui possède plus de cinquante espèces de papiers, toutes différentes par la nature de la matière première, où l'on fabrique des vitres en papier, des lanternes en papier, des meubles en papier, des maisons en papier, des vêtements, des chapeaux, des chaussures en papier ?

Les Anglais les premiers, puis les Français, imitèrent les papiers peints de l'extrême Orient, mais grossièrement et sans aucune notion des procédés en usage dans les pays d'origine de la nouvelle industrie.

Et c'était dommage, en vérité, car le papier peint arrivait juste à point pour répondre à une nécessité du temps, à un fait économique du plus haut intérêt : la démocratisation du luxe.

Malheureusement, des enluminures criantes, grotesques, exécutées au pinceau, sur le fond grisâtre ou jaunâtre du papier, n'étaient guère en état de se substituer aux anciennes tentures souvent si riches de ton, presque toujours si harmonieuses d'effet.

On se sentait pressé par deux besoins : celui de se soustraire à l'ennui héréditaire, à la monotonie éternelle des vieilles tapisseries, de donner de l'air, du jour, de la fraîcheur, de la gaieté à sa demeure, et celui d'échapper à la dépense énorme d'une tenture de brocart ou de cuir de Cordoue.

Les peinturlurures de ces artistes improvisés qui barbouillaient le papier en s'essayant à le décorer, ne répondaient pas précisément à ces aspirations de luxe bourgeois, ni même à ce besoin d'économie. Il fallait faire mieux et plus vite.

On inventa le pochoir, c'est-à-dire ces feuilles métalliques découpées dont on se sert encore quelquefois pour ébaucher sur nos murs de grossières enseignes, et que les Italiens et même quelques fabricants français n'ont pas entièrement abandonnées dans la décoration des papiers peints.

Par ce procédé vraiment barbare, on obtint des dessins moins naïfs, plus corrects, mais encore plus ridicules que ceux qu'on exécutait au pinceau.

Le pochoir, bon tout au plus à faire des cartes à jouer, eût été un progrès à rebours, s'il n'eût conduit à la planche gravée.

Mais l'emploi de la planche gravée pour l'impression des papiers peints, si naturel en apparence, offrait, dans la pratique, de très-sérieuses difficultés.

Si l'encre pour la gravure en taille-douce a été si difficile à trouver, combien la difficulté était plus grande lorsqu'il s'agissait d'imprimer non plus un dessin monochrome, mais une vraie peinture dont les couleurs, infiniment variées, doivent conserver un éclat qui excluait l'emploi des corps gras !

Le problème était en effet celui-ci : trouver, pour toutes les matières colorantes employées à peindre les papiers, un excipient unique, n'ayant pas, comme les corps gras, l'inconvénient de ternir les couleurs, ni celui de tacher le papier.

On ne réussit qu'en 1760 à composer ces belles couleurs à l'eau, si solides, si fraîches et donnant au besoin des contours si nets, qui sont aujourd'hui généralement employées.

La grande difficulté matérielle étant levée, on peut dès lors considérer l'industrie du papier de tenture comme définitivement fondée.

Ce qui restait à faire : perfectionnement des procédés, épuration du goût, soin plus attentif donné au choix et à l'exécution des dessins, ne pouvait arrêter longtemps l'essor de l'industrie nouvelle, en France surtout, où le goût artistique est si prompt et si sûr qu'une question d'art y est d'avance résolue.

Aussi la fabrication du papier peint est à peine en possession de son élément le plus essentiel : la couleur, que nous voyons une importante manufacture établie à Paris par un simple ouvrier, Réveillon, dont le nom doit être cité dans l'histoire du papier de luxe presque au même titre que ceux de Finiguerra dans celle de la gravure, de Gutenberg dans celle de l'imprimerie, de Senefelder dans celle de la lithographie.

Et chose curieuse : tandis que ces immortels inventeurs, livrés aux tâtonnements inévitables d'un art naissant, n'ont produit que des essais presque informes et ont à peine soupçonné l'avenir de leur propre découverte, Réveillon, lui, semble n'avoir connu ni les hésitations, ni les échecs, ni les périodes de doute et de découragement au milieu desquelles l'idée d'un Palissy a failli sombrer et la raison d'un Salomon de Caus a peut-être fait naufrage.

A peine installé au milieu de ce faubourg Saint-Antoine, dont il a, avec quelques autres, commencé la fortune industrielle, Réveillon brosse et imprime ses papiers; à peine sèches, ses peintures, triomphant, par une sorte de prodige, du préjugé et de l'habitude, sont enlevées, admirées, exportées dans tous les coins de l'Europe, et plus d'un manoir, oublieux de la morgue traditionnelle, se hâte de décrocher les vieilles tapisseries de ses ancêtres et de coller à leur place les papiers frais et pimpants de Réveillon.

Était-ce frivolité de goût, comme aiment à le répéter les partisans acharnés des vieilles tapisseries et des vieilles tentures? Faut-il, avec eux, s'apitoyer sur cette passion des gentilshommes du temps de la Régence, de Louis XV et de Louis XVI pour le neuf, le frais, le pimpant?

Nous n'avons pas, on l'entend bien, à discuter ici le goût artistique de ce siècle, à médire de Fragonard ni à célébrer le genre de peinture qu'il fit prévaloir. Fragonard tour à tour exalté, conspué, relégué au grenier, intronisé au salon, est un problème artistique beaucoup trop haut pour notre capacité.

Mais pour la question plus terre à terre qui nous occupe, la substitution du papier peint aux vieilles tentures traditionnelles, presque historiques, nous avons le droit de nous prononcer et nous n'éprouvons aucune hésitation à le faire.

Dieu nous garde de médire des *tapisseries de Beauvais*. Mais, dussions-nous scandaliser les artistes, nous déclarons que nous n'en voudrions pas pour décorer notre salle à manger; que, pour rien au monde nous ne consentirions à vivre notre vie toute entière face à face avec les personnages de ce chef-d'œuvre.

Nous adorons autant et plus que bien d'autres la douceur harmonieuse des vieilles tapisseries des Flandres au moyen âge, et nous sommes vraiment heureux d'aller les admirer au musée de

Cluny et ailleurs ; mais, pour la décoration de notre demeure, nous préférons quelque chose de plus frais, de plus propre, de plus endimanché.

L'histoire de l'art et de l'industrie nous offre de nombreux exemples d'engouement subits pour des styles ou modes disparus, dont la signification essentielle ne saurait s'adapter aux mœurs actuelles ; et l'on voit alors s'élever une vogue, éphémère toujours, car les conditions générales dans lesquelles l'esprit humain s'exerce dans toutes ses branches d'activité sont variables et veulent une logique dont il ne peut se départir sans *choquer* ce que l'on appelle le sentiment du goût. Ainsi, et bien que l'on reconnaisse le mérite incontestable d'ailleurs des admirables reproductions des tapisseries des Flandres au moyen âge, qui ne leur préférera celles, non moins admirables, des styles Louis XIV, Louis XV et Louis XVI, exigeant autant de goût, de soins et de travail, mais répondant en outre aux exigences de l'art type, l'architecture, auxquelles l'art industriel ne saurait logiquement se soustraire à aucune époque, et répondant mieux à nos aspirations, à nos mœurs, qui demandent aujourd'hui, disons-le, surtout du neuf.

Le mot est lâché. On va infailliblement nous accuser de goût bourgeois. Oui, c'est vrai, nous avons le goût bourgeois ; nous repoussons, dans la décoration des intérieurs élégants, les tentures aussi artistiques que sales et fanées ; nous aimons, pour tout dire, qu'un joli boudoir soit en toilette aussi fraîche que celle de la divinité qui y trône.

C'est là du goût bourgeois, sans nul doute ; mais nous avons quelque peine à croire que le goût bourgeois soit nécessairement du mauvais goût.

Sa Majesté Louis XVI elle-même, bientôt imitée par les cours étrangères, se laissa entraîner bourgeoisement par l'engouement universel et accorda à l'ouvrier Réveillon le titre alors si envié de fournisseur du Roi,

Hélas ! ce bonheur insolent ne devait pas être de longue durée. On était en 1789. L'usine de Réveillon, alors en pleine prospérité, comptait plus de trois cents ouvriers, chiffre presque monstrueux pour ce temps-là. Un jour le faubourg, plein de la fièvre politique, s'insurge. Une troupe de forcenés entoure les ateliers de Réveillon, les envahit, les pille et les brûle.

Pourquoi? Sous quelle inspiration? On a fait mille suppositions; on a affirmé que les soldats royaux avaient assisté l'arme au bras à cette honteuse exécution; qu'ils avaient repoussé à coups de baïonnettes les défenseurs de la propriété... Un mystère singulier plane sur cet événement, et l'on comprendra sans peine que nous n'essayions pas de l'éclaircir à propos de l'histoire du papier peint.

Quoi qu'il en soit, les incendiaires de 1789 avaient brûlé une industrie florissante et qui, grâce au génie de Réveillon, était devenue une industrie presque exclusivement française.

Les événements qui suivirent n'étaient guère faits pour la ressusciter. Le travail, essentiellement nerveux et timide, se cache et se tait quand la parole est au canon.

La manufacture de Réveillon, appartenant alors à M. Jacquemart, fut à peu près la seule manufacture remarquable du commencement du siècle.

Dans le silence triste et poignant de 1814, Gillou, un autre ouvrier, fut un des courageux industriels qui appelèrent la patrie au seul réveil possible aux nations terrassées : le travail.

C'est à partir de cette même date que l'on vit poindre et briller les noms si connus des Madère, Dufour, Leroy, Zuber qui ressuscitèrent l'industrie du papier peint. Bientôt parurent des industriels artistes tels que Genoux, Delicourt surtout, qui éleva son industrie à une hauteur qui n'a pu être dépassée.

Nous ne voudrions, pour rien au monde, qu'on nous soupçonnât, à propos de l'histoire du papier de luxe, de faire le procès à la fabrication du papier ordinaire. L'impression du papier à la machine est un des progrès les plus surprenants de l'industrie moderne, bien plus surprenant, nous le déclarons, que l'impression typographique au rouleau, dont l'invention est cependant bien plus récente.

Puiser, dans autant de baquets distincts, toutes les couleurs, quelquefois très-nombreuses, qui doivent décorer un papier de tenture et les appliquer, d'un mouvement continu, chacune à sa place (ou à peu près), n'est-ce pas un problème des plus difficiles, et dont la solution fait le plus grand honneur à celui qui l'a trouvée?

Exiger maintenant que l'exécution soit sans défaut, que le produit, obtenu à l'aide d'un mécanisme nécessairement très-compliqué ait une valeur artistique, ce serait réclamer l'impossible.

Le papier à la machine, malgré les difficultés d'une bonne fabrication, est frais, propre, d'un dessin suffisamment correct, et admet, grâce aux progrès incessants de cette industrie, des couleurs de plus en plus nombreuses. (Peut-être même serait-il temps de s'arrêter dans cette voie.)

Le papier à la machine a, en outre, une qualité décisive et qui en assurera toujours l'emploi sur une très-vaste échelle : le bon marché.

Cependant, la tradition du papier à la planche ne se perdra jamais; elle se conservera toujours dans quelques ateliers, fort importants d'ailleurs, où l'art lutte avec succès contre l'industrie et avec une louable persévérance.

Lorsque s'ouvrirent les expositions internationales de 1854, 1855, 1862 et 1867, l'on put voir quelles étaient l'importance et la valeur des travaux artistiques exécutés par Madère, à qui M. Desfossé a succédé; Polge et Bezault, Genoux et enfin M. Delicourt, déjà cité.

L'exposition de Londres, en 1862, fut une nouvelle révélation. Malgré la propension alors universelle à ne reconnaître, dans l'industrie, d'autre mérite que le procédé mécanique, il fallut bien avouer l'évidence.

En 1867, il ne pouvait plus être question de ces scrupules; la vérité crevait les yeux; M. Bezault, par exemple, alors seul propriétaire de sa maison, obtint une médaille d'or.

Son industrie (nous dirions plus volontiers son art) n'a cessé depuis lors de faire des progrès inattendus, peut-être de M. Bezault lui-même.

Dans les splendides produits qu'il a envoyés à l'Exposition de 1878 (classe 22), il ne faut plus songer à chercher ces éternelles arabesques qui constituaient, il n'y a pas longtemps encore, le domaine exclusif du papier de tenture.

Ce ne sont plus ces infinis enlacements de feuillages fantastiques, souvent si gracieux, presque toujours si crus de tons, où les ors, les bleus, les verts, les rouges criards se mêlent sans trop de discernement.

L'artiste ici (car c'est décidément à des artistes que nous avons affaire) n'a plus accepté comme modèles les dessins des étoffes à grands ramages ; quand il a créé, il l'a fait avec autant de science que de goût, et quand il a imité, il y a mis autant de hardiesse que de talent.

Souvent ses modèles semblent choisis tout exprès pour défier la palette du coloriste le plus savant. A-t-on remarqué, à l'Exposition, cette tapisserie Louis XIV, étonnante imitation (nous allions dire reproduction) d'une des fameuses tapisseries du Garde-Meuble, les *Douze mois ou maisons royales*, exécutées sur les dessins de Lebrun ?

Étudiez-la, et tâchez de comprendre comment un artiste a pu concevoir l'idée de rendre ces couleurs adoucies, fondues par le temps, cette espèce de voile de gaze qui semble couvrir les vieilles tapisseries et que M. Puvis de Chavannes imite avec tant d'art (et si peu d'à-propos, selon nous) sur les murs du Panthéon.

A côté des grandes conceptions d'ensemble de MM. Bezault et Pattey, que l'on envisage principalement au point de vue de l'art, il faut observer le progrès de l'industrie proprement dite. Tout le monde a pu voir comme nous, au palais du Champ-de-Mars, ces étonnantes imitations des étoffes de soie et de velours, où non-seulement les dessins les plus compliqués sont reproduits, mais encore où l'on croit distinguer jusqu'à la trame même des tissus. Nous n'hésiterons pas à émettre ici l'opinion que la planche seule peut exécuter de tels travaux.

Voilà où en est l'art du papier de tenture : sur la voie, tout simplement, de la grande tapisserie de haute lisse ! Et de même qu'aux Gobelins, il a fallu les cartons de Raphaël ou ceux de Lebrun, les dessins de Rigaud, ou de Boucher, ou de Baudry, de même Bezault et les autres fidèles du papier de luxe empruntent la palette des Poterlet, des Wagner, des Gruchy, des Muller, des Dumont, des Régereau, artistes qui, eux aussi, passeront à la postérité.

Cet aperçu historique nous a entraînés déjà bien loin. Nous ne voudrions cependant pas renoncer au dessein que nous avions conçu de donner une idée, au moins sommaire, des procédés en usage dans cette industrie si intéressante.

Cet exposé est d'autant plus nécessaire que le lecteur y trouvera de lui-même, sans que nous ayons besoin d'insister, la justification de la thèse que nous soutenions en commençant : la nécessité de la fabrication manuelle dans les industries qui touchent à l'art.

Nous ne dirons rien, bien entendu, de la fabrication du papier pour tenture, qui ne diffère pas essentiellement de la fabrication des autres papiers, et qui, du reste, n'entre pas dans notre sujet; car l'industrie du papier peint n'a pas pour but de fabriquer des papiers et de les peindre, mais de peindre les papiers fabriqués par une autre industrie.

Il est bon de remarquer toutefois que la bonne exécution des fonds dépendant en très-grande partie de l'homogénéité de la pâte, et celle des détails de la finesse du grain, les grossiers rouleaux en usage dans la fabrication des papiers ordinaires ne sauraient convenir aux papiers de luxe.

 ur le papier entré *blanc* à l'usine, un fond est d'abord appliqué très-également à l'aide de brosses, il est fourni par une couleur assez épaissie avec de la colle de peau, pour que la teinte du papier ne transparaisse pas à travers la couche de couleur.

Chacune des opérations subséquentes que nous allons indiquer est suivie d'un séchage d'autant plus prolongé qu'il importe de ne pas l'opérer à une trop haute température.

Si le papier doit être satiné, c'est-à-dire posséder cet éclat, ce brillant particulier qu'on remarque dans les fonds de certains papiers de luxe, le satinage s'opère aussitôt que le fond est sec. Pour obtenir le brillant voulu, on saupoudre très-exactement le fond avec de la poudre de talc, que l'on brosse ensuite très-énergiquement.

Nous arrivons à l'opération la plus délicate : l'impression. Tout le monde connaît le mode de fabrication en usage pour les cartes à jouer, lorsqu'on les imprimait encore au pochoir, et qui était, du reste, employé pour les papiers peints, avant l'adoption des planches gravées. On employait, pour exécuter une carte, autant de pochoirs différents qu'il devait y avoir de couleurs différentes sur la carte, les découpures de chacun des pochoirs répondant à une seule couleur.

Le système d'impression à la planche est analogue, en ce sens qu'il faut employer un nombre de planches gravées et exécuter un nombre d'opérations successives égal à celui des couleurs qu'on veut appliquer sur le papier.

Toutes ces planches gravées sont en bois de poirier doublé de
feuillets de sapin qui sont destinés à adoucir, à rendre moins dure
l'action de la presse, en supportant la gravure.

Mais ici commence une série de difficultés insurmontables à première vue, et qui eussent été bien capables de décourager les inventeurs du procédé, si un inventeur fortement convaincu pouvait se
décourager jamais.

Il s'agit d'abord d'appliquer sur chaque planche la couleur qu'elle
doit porter sur le papier. Liquide, la couleur salirait les parties réser-
vées ; pâteuse, elle formerait des épaisseurs et ne s'appliquerait que
par places. Voici par quel ingénieux procédé on a évité ce double
inconvénient.

La couleur est d'abord appliquée à la brosse, en couche très-
légère, sur une pièce de drap fin. Le drap ainsi préparé est posé,
la couleur en dessus, sur une peau de basane très-spongieuse, qui
couvre un grand baquet rectangulaire plein d'eau. L'eau, pénétrant
la peau, imprègne doucement le drap et maintient la couleur dans
l'état d'humidité nécessaire pour qu'elle se dépose sur la planche,
aux endroits de la gravure, quand on pose la planche sur le
drap.

La planche ainsi chargée est portée à la presse, sur le papier
préparé d'avance. Le reste s'explique tout seul. Toutefois, il ne fau-
drait pas croire que la manœuvre du levier de la presse puisse être
abandonnée au hasard de la force musculaire des ouvriers. Si la
pression des formes doit être très-attentivement réglée dans les
tirages typographiques, pour éviter à la fois les foulages et les
épreuves trop pâles, cette précaution est bien autrement nécessaire
quand il s'agit des papiers peints.

Ici l'intensité de chaque teinte est intimement liée à l'énergie
relative de la pression ; tout l'effet, toute la valeur artistique du
papier en dépend directement. Aussi a-t-on donné au levier de la
presse un très-grand développement, afin que l'ouvrier, pouvant
peser à des distances variables, règle ses efforts sur la nature
des effets à obtenir et sur celle des couleurs à déposer sur le
papier.

On devine aisément qu'on ne peut atteindre, même approximativement, le résultat désiré qu'à l'aide d'une très-longue habitude jointe à une très-grande habileté.

Après une première planche, on en imprime une seconde, et ainsi de suite jusqu'à l'entière exécution du sujet, en interposant toujours, bien entendu, un séchage entre deux impressions successives.

Mais une grande difficulté est celle que présente l'opération du repérage nécessaire à chaque opération nouvelle. Toutes les personnes qui ont examiné avec quelque attention d'anciennes cartes imprimées au pochoir, ou même des papiers peints communs, ont sans doute remarqué le sans-façon avec lequel les couleurs juxtaposées chevauchent l'une sur l'autre ou laissent entre elles un espace blanc, comment la couleur rubiconde de la face d'Hector envahit volontiers sa toque bleue, etc.

Erreurs de repérage, qu'il faut absolument éviter dans les papiers soignés. Or, ici, l'emploi de la planche constitue une nouvelle et très-sérieuse difficulté. A travers les découpures du pochoir, il était encore possible de se rendre un compte à peu près exact de l'espace qu'il s'agissait de couvrir; sous la planche gravée, on ne voit plus rien absolument. Il faut opérer à l'aveugle, ou du moins sans autre guide que les points de repère ménagés à la fois sur la planche et sur le papier.

Et pourtant, telle est l'habileté des ouvriers, leur étonnante sagacité à profiter des moindres indications, à interpréter les moindres circonstances, tel est leur soin à prendre les plus minutieuses précautions, qu'ils réussissent à produire ces beaux papiers qu'on dirait exécutés par les plus habiles aquarellistes, et où rien ne fait soupçonner l'emploi successif d'un nombre quelquefois prodigieux de planches gravées.

Souvent le travail des papiers peints s'arrête là; mais souvent aussi on a besoin de les vernir, pour leur donner l'aspect du bois, du cuir, du marbre ou de la porcelaine.

Comme on ne saurait, en ce cas, employer qu'un vernis, et que, d'autre part, un corps gras tacherait le papier, on est contraint d'encoller la peinture, c'est-à-dire d'interposer entre elle et le vernis une couche de colle de peau.

Les ors, qui produisent sur certains papiers riches de si grands effets, s'obtiennent d'une façon très-simple. Les places que l'or doit occuper sont imprimées, comme toutes les autres, avec une planche spéciale ; mais celle-ci, au lieu d'être imprégnée de couleur, est imprégnée de mordant.

Aussitôt que la planche est retirée, on procède à la dorure de deux manières différentes : la première au moyen de feuilles d'or appliquées sur le mordant, ce qui donne la dorure de première qualité ; la seconde consiste à saupoudrer le papier de poudre de cuivre, qui s'attache seulement aux places couvertes par le mordant.

Cette poudre est mate ; on lui donne l'éclat de l'or bruni en comprimant le papier sous une roulette.

Les papiers veloutés s'obtiennent de la même manière, mais en remplaçant la poudre de cuivre par de la tontisse de drap impalpable ayant la couleur voulue.

Si toute la surface du drap devait être uniformément veloutée, au lieu d'appliquer le mordant à la planche, on l'appliquerait à la brosse, comme s'il s'agissait du fonçage.

Voilà, autant qu'il nous a été possible de les décrire en un aussi petit nombre de lignes, l'ensemble des procédés usités pour l'exécution des papiers à la planche.

Certes, nous ne pouvons nous flatter d'avoir donné une idée complète de cette intéressante industrie, mais ce que nous avons dit doit suffire pour donner une haute idée des difficultés de cette fabrication, difficultés si graves et si multiples qu'on les qualifierait hardiment d'impossibilités, si l'on n'avait la démonstration la plus irréfutable : le fait.

Nous pensons aussi que de cette trop courte étude on pourra déduire, sans crainte d'être contredit, le mérite éminent des hommes qui, comme M. Bezault et M. Pattey, son associé actuel, ont su, luttant contre mille difficultés matérielles, contre des prétentions d'autant plus redoutables qu'elles semblent être fondées sur la vérité économique et s'affirment au nom du progrès industriel, de ces hommes qui, ne s'effrayant de rien, pas même du renom de leurs prédécesseurs illustres ni de la concurrence de redou-

tables rivaux, ont réussi, contre vents et marées, à perfectionner
un art qui semblait avoir atteint déjà la perfection, à vaincre
des rivaux étrangers dont la situation paraissait tout à fait
inexpugnable, à assurer, cette fois encore, le triomphe du goût
français.

Voilà bien des ennemis vaincus. Est-ce à dire qu'il n'en reste plus
pour exercer le courage de ces industriels et de ces artistes si dignement associés?

On ne saurait se flatter de cela. Les ennemis du vrai et du beau
sont une de ces races qui ne périssent pas.

*Uno avulso non deficit alter.*

En face même du chef-d'œuvre de Bezault, de la tapisserie
Louis XIV, nous avons vu des hommes très-graves hausser les
épaules, nous les avons entendus protester, au nom de l'ART, contre
le métier, non pas méconnu, mais le méconnaissant.

Par exemple, nous avons négligé de nous informer s'ils connais-
saient le premier mot du métier qu'ils accusaient si lestement
d'usurpation.

Quant à leurs protestations, nous les connaissions déjà. Elles se
sont fait entendre à la naissance de l'art du graveur, qui devait
supplanter l'art du dessin; à celle de l'imprimerie, meurtrière pré-
sumée de la calligraphie; à celle de la lithographie, qui devait tuer
la gravure; à celle de la photographie, qui supprimait le por-
trait; à celle de la chromolithographie, singe ridicule de la peinture, etc.

Mais nous qui savons bien que l'art, un dans son principe, est
infiniment varié dans ses manifestations; que chaque procédé nouveau lui est un instrument nouveau, un nouveau moyen de produire
une nouvelle impression; que l'artiste vrai peut traduire sa pensée
sur le sable ou la pétrir dans l'argile avec ses doigts; mais que le
crayon, le ciseau, la pointe, le burin, le pinceau sont autant d'instruments précieux, à l'aide desquels il la grave, la travaille, la perfectionne et la fait vivre; nous qui savons tout cela, nous dédaignons
les criailleries, les indignations factices de ceux qui protestent au

nom des Grecs et de l'esthétique contre l'industrie moderne, et à la tête de cette glorieuse phalange d'industriels qui fait l'honneur de notre pays, nous plaçons résolûment :

Celui qui, épris du beau, inspiré par cette qualité éminemment française : le goût, réussit à élever son métier à la dignité d'un art.

# L'INDUSTRIE

## AU

## XIX<sup>E</sup> SIÈCLE

## AMEUBLEMENT H. FOURDINOIS

PARIS

E. DENTU, ÉDITEUR

LIBRAIRE DE LA SOCIÉTÉ DES GENS DE LETTRES

PALAIS-ROYAL, GALERIE D'ORLÉANS

1878

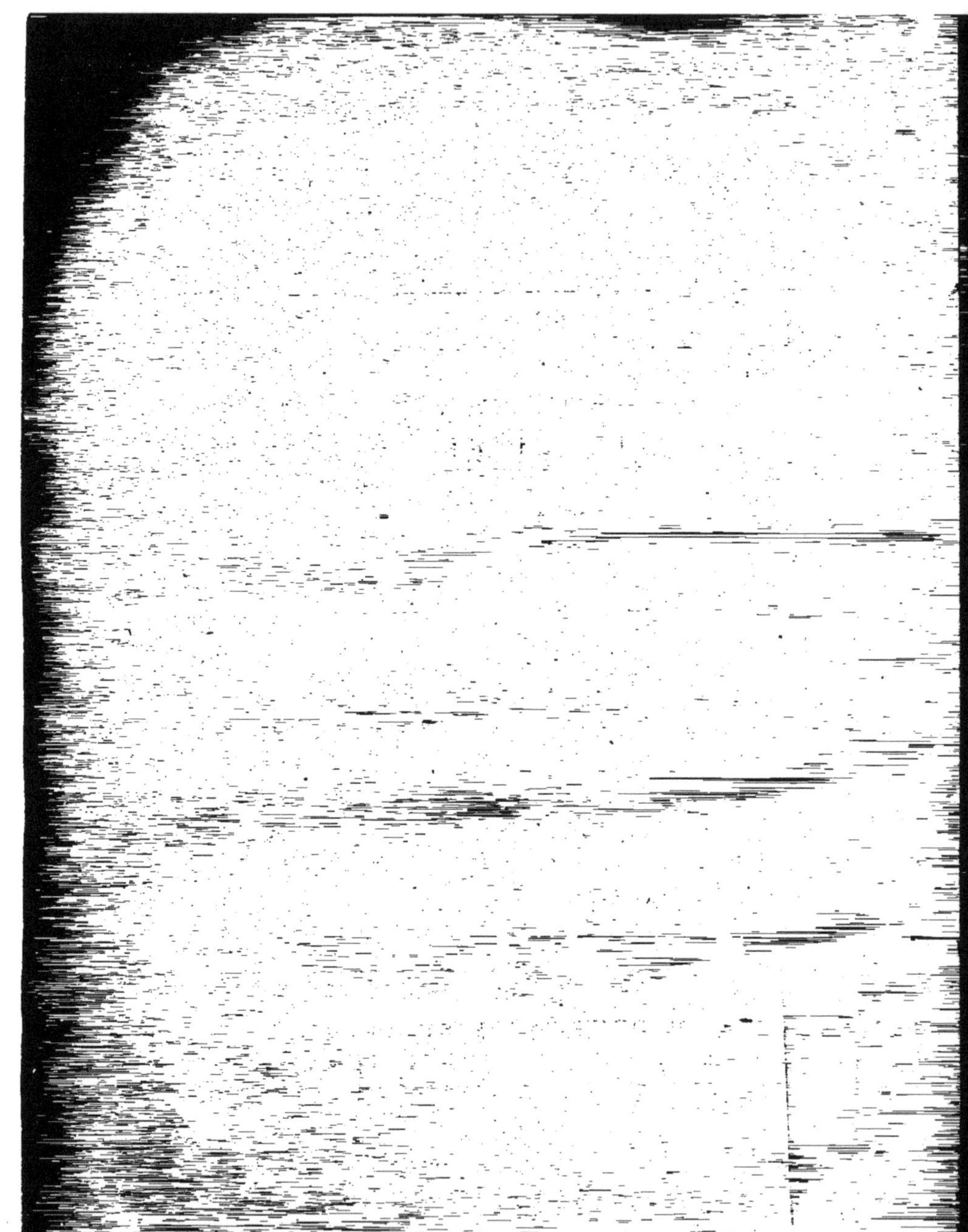

LUC-LÉO

# L'INDUSTRIE

## AU
## XIX<sup>e</sup> · SIÈCLE

## ORFÉVRERIE

### FABRICATION DU MÉTAL BLANC
### ET DES COUVERTS

PARIS
E. DENTU, ÉDITEUR
LIBRAIRE DE LA SOCIÉTÉ DES GENS DE LETTRES
PALAIS-ROYAL, GALERIE D'ORLÉANS
1878

LUC-LÉO

# L'INDUSTRIE

## AU

## XIX<sup>E</sup> SIÈCLE

# PAPIERS PEINTS

## A LA PLANCHE

PARIS

E. DENTU, ÉDITEUR

LIBRAIRE DE LA SOCIÉTÉ DES GENS DE LETTRES

PALAIS-ROYAL, GALERIE D'ORLÉANS

1878

PUBLICATION BI-MENSUELLE

# L'INDUSTRIE

## AU XIX<sup>E</sup> SIÈCLE

Revue pratique et comparée
des Industries Scientifiques, Artistiques, Agricoles,
Métallurgiques, Manufacturières, Textiles,
de Transports, etc., etc.

Médecine, Chirurgie, Chimie, Pharmacologie,
Alimentation.

Ouvrage comprenant la description des principales usines et laboratoires, avec les monographies des grands Établissements et maisons célèbres.

Prix du fascicule, 50 cent. — Prix du volume, 10 francs.

Paris. — Typ. Ch. Unsinger, 83, rue du Bac.

PUBLICATION BI-MENSUELLE

# L'INDUSTRIE

## AU XIX<sup>E</sup> SIÈCLE

Revue pratique et comparée
des Industries Scientifiques, Artistiques, Agricoles,
Métallurgiques, Manufacturières, Textiles,
de Transports, etc., etc.

Médecine, Chirurgie, Chimie, Pharmacologie,
Alimentation.

Ouvrage comprenant la description des principales usines et
laboratoires, avec les monographies des grands Établissements
et maisons célèbres.

Prix du fascicule, 50 cent. — Prix du volume, 10 francs.

Paris. — Typ. Ch. Unsinger, 83, rue du Bac.

# L'INDUSTRIE

## AU XIX<sup>E</sup> SIÈCLE

Revue pratique et comparée
des Industries Scientifiques, Artistiques, Agricoles,
Métallurgiques, Manufacturières, Textiles,
de Transports, etc., etc.

Médecine, Chirurgie, Chimie, Pharmacologie,
Alimentation.

Ouvrage comprenant la description des principales usines et
laboratoires, avec les monographies des grands Établissements
et maisons célèbres.

Prix du fascicule, 50 cent. — Prix du volume, 10 francs.

Paris. — Typ. Ch. Unsinger, 83, rue du Bac.

# L'INDUSTRIE

## AU XIX<sup>E</sup> SIÈCLE

Revue pratique et comparée
des Industries Scientifiques, Artistiques, Agricoles,
Métallurgiques, Manufacturières, Textiles,
de Transports, etc., etc.

Médecine, Chirurgie, Chimie, Pharmacologie,
Alimentation.

Ouvrage comprenant la description des principales usines et
laboratoires, avec les monographies des grands Établissements
et maisons célèbres.

**Prix du fascicule, 50 cent. — Prix du volume, 10 francs.**

Paris. — Typ. Ch. Unsinger, 83, rue du Bac.

9 782019 959647